Rudolf Schaefer

Kaukasus, NATO und Wikileaks

SPOTLESS

spotless erscheint im Verlag Das Neue Berlin
Redaktion: Frank Schumann

Bezug im Abonnement: 12 Ausgaben im Jahr
Jahresabonnement Inland 59,50 Euro
Europa 74,50 Euro, Welt 84,50 Euro
Einzelausgabe: 5,95 Euro

ISBN 978-3-360-02037-6

1. Auflage

Umschlaggestaltung/Satz: edition ost
Cover-Foto: Proteste in Tiflis gegen Präsident Saakaschwili

Druck und Bindung: Salzland Druck, Staßfurt

Ein Verlagsverzeichnis schicken wir Ihnen gern:
Das Neue Berlin Verlagsgesellschaft mbH
Neue Grünstr. 18, 10179 Berlin
Fax 01805/35 35 42
Tel. 01805/30 99 99 (0,14 Euro/Min., Mobil max. 0,42 Euro/Min.)

Die Bücher von spotless und des Verlages Das Neue Berlin
erscheinen in der Eulenspiegel Verlagsgruppe.

www.edition-ost.de

Inhalt

Die Chronik eines Desasters

So überschrieb das Hamburger Nachrichtenmagazin *Der Spiegel* Anfang Dezember 2010 einen Beitrag, der sich mit dem Verhältnis zwischen USA und Georgien beschäftigte. Anlass lieferte geheime Diplomatenpost, die von Wikileaks öffentlich gemacht worden war. »Jahrelang rüsteten die USA den Kaukasusstaat Georgien auf, vertrauten der Staatsspitze um Präsident Saakaschwili. Erst kurz vor dem Krieg mit Russland kamen den US-Diplomaten Zweifel, wie ihre nun enthüllten Depeschen zeigen – viel zu spät«, hieß es dort.

Wie nicht anders zu erwarten, wurde natürlich in dem Beitrag nicht erörtert, *warum* Washington sich im Kaukasus derart engagierte. Keine Silbe über die in Aussicht genommene Mitgliedschaft Georgiens in der NATO, nichts über die Erdölpipelines, die auf diese Weise gesichert werden sollten, kein Wort von der militärischen Bedrohung Russlands, keines darüber, wie die US-Marionette Saakaschwili auf den Thron gehoben und sein Vorgänger durch eine umfassende Operation der US-Geheimdienste weggeputscht wurde. Und natürlich verlor man auch keinen Satz zur langen Vorgeschichte des Krieges im Jahr 2008 und zu den Wurzeln des Konfliktes in jener Region.

Stattdessen memorierte das Magazin diese und jene Diplomaten-Depesche aus und nach Tiflis, als habe jeder Leser Kenntnis darüber, was sich da im Einzelnen und hinter den Kulissen vollzog. Da dieses Wissen jedoch nicht unterstellt werden kann, soll hier alles Wesentliche zum Thema nachgetragen werden. Denn es muss als unwahrscheinlich angenommen werden, dass dort, jenseits des Schwarzen Meeres, sich plötzlich alle ausländischen Interessen erledigt hätten. Je mehr die Ressourcen der Erde schrumpfen, desto erbitterter wird um die letzten Reserven gekämpft werden.

Die Vorgänge in und um Georgien sind in gewisser Weise eine imperialistische Fallstudie. Die USA haben in einer Region konkrete wirtschaftliche Interessen. Also werden mit Hilfe von Geheimdiensten, den »Verbündeten« und Kollaborateuren vor Ort die politischen Verhältnisse so verändert, dass dann die gewünschten Rahmenbedingungen hergestellt werden können. Allerdings treten zunehmend Probleme auf, die nicht mehr wie gewohnt beherrscht und gesteuert werden können – etwa religiöser Fundamentalismus und traditionelle ethnische Spannungen, die sich irrational entladen.

Genau das geschah im Kaukasus, wie Rudolf Schaefer auf den nachfolgenden Seiten dokumentiert. Sein Text ist allenfalls ein Zwischenbericht. Denn obgleich der Konflikt von 2008 inzwischen Geschichte, sind die Probleme nicht gelöst. Man kann sicher sein: Der nächste Krieg ist gewiss, In Sha' Allah …

Der Verlag

Anmerkungen zum Kaukasuskonflikt

Der Konflikt im Kaukasus um Georgien und Südossetien im August 2008 war ein gefährlicher Vorgang in der internationalen Politik und in der Berichterstattung durch die Medien in aller Welt selbstredend von immenser Bedeutung. Immer wenn es um Konflikte geht, versucht jede Seite ihre Sichtweise der Welt zu präsentieren, was letztlich im Medienzeitalter zu einer solchen Vielzahl von sich teilweise widersprechenden Berichten, Reporten, Informationen und Meinungsäußerungen führt, dass sich der normale Bürger in diesem Wirrwarr kaum noch zurecht findet. Da die EU und die USA Georgien als den wichtigeren (und stärker westlich orientierten) Partner betrachteten, färbte das auch zum großen Teil auf die Berichterstattung der westlichen Medien ab.

Erschwert wurde das alles noch durch den Nebel, den die Konfliktparteien über eigene Fehler und suspekte Handlungen legten, so dass die EU-Außenminister im November 2008 eine unabhängige Untersuchungskommission einsetzten, um die Fakten und Umstände des Konflikts zu klären. Leiterin wurde die Schweizerin Heidi Tagliavini, die als profunde Kennerin der Region gilt, ihr gehörten weitere sieben Personen an. Die Kommission sollte die Vorgänge abschließend bewerten und ihren Bericht ursprünglich zum 31. Juli 2009 vorlegen, tatsächlich wurde er dann am 30. September der Öffentlichkeit zugänglich gemacht.

Viel Neues war für den aufmerksamen Beobachter jedoch nicht festzustellen, denn alle aufgeführten Fakten und Umstände waren im Prinzip schon wenige Wochen nach dem Konflikt bekannt und auch schon publiziert worden.[1]

Im Bericht wurde nun dargelegt, dass eindeutig Georgien die Kampfhandlungen am 7. August 2008 begonnen hat, und zwar ohne dass, wie von georgischer Seite bis dato immer behauptet wurde, es vorher eine »groß angelegte russische Invasion« gegeben habe. Es hätte zudem auch nicht nachgewiesen werden können, dass Russland kurz vor einem solchen Angriff gestanden habe. Russlands Militäreinsatz zur Verteidigung sei in der ersten Phase des Konflikts grundsätzlich legal gewesen.

Damit gibt es auch eine eindeutige Antwort auf die Frage, ob der georgische Beschuss der südossetischen Hauptstadt Zschinwali in der Nacht zum 8. August gerechtfertigt war. Der Bericht kommt zu dem Schluss: »Er war es nicht.«

Georgien habe sich in Verträgen aus den Jahren 1992 und 1996 zur Nichtanwendung von Gewalt gegenüber der abtrünnigen Teilrepublik Südossetien verpflichtet. Der Einsatz der georgischen Streitkräfte wird daher als *illegal* bezeichnet.

Allerdings sei fraglich, ob das spätere Vorrücken der russischen Truppen nach Kern-Georgien »notwendig und verhältnismäßig« gewesen sei. Auch habe es im Vorfeld des Konflikts Provokationen gegeben, ohne dass dazu auf weitere Einzelheiten eingegangen wird.

Wichtige Fragen bleiben aber auch nach Vorlage des Berichtes weiter offen und die Irritationen über die Motive der georgischen Führung in diesem Konflikt. Altbundeskanzler Gerhard Schröder hatte unmittelbar nach dem Ausbruch des Konflikts den georgischen Präsidenten Saakaschwili einen Hasardeur genannt. Also einen Spieler, der alles auf eine Karte setzt. Aber gemeinhin auf eine Karte, die eine Gewinnchance hat. In diesem Fall hatte Georgien gegen einen zigfach größeren und militärisch haushoch überlegenen Gegner nicht die Spur einer Chance. Gab es also Zusagen und Rückendeckung für ein solches Unternehmen von dritter Seite?

In diesem Bericht gibt es auch Kritik an der internationalen Gemeinschaft. Wörtlich heißt es dazu: »Der Mangel an rechtzeitigem und hinreichend entschlossenem Handeln der internationalen Gemeinschaft und zu einem gewissen Teil das wenig innovative Herangehen an den Friedensprozess durch die internationalen Organisationen haben zum Ausbruch der Krise beigetragen. So steigerte sich eine Folge von Fehlern, Missverständnissen und verpassten Gelegenheiten auf allen Seiten bis zu einem Punkt, an dem die Gefahr einer Explosion der Gewalt zur Wirklichkeit wurde. Bei der Bewertung muss die Vorgeschichte des Krieges in den vorangegangenen Jahren ebenso berücksichtigt werden wie die zunehmenden Spannungen in den Monaten und Wochen unmittelbar vor Ausbruch der Feindseligkeiten.«

Es ist darum erforderlich neben den aktuellen geopolitischen Umständen auch die historischen Wurzeln zu berücksichtigen, auf die ein erheblicher Anteil der Instabilität der gesamten Kaukasusregion und der immer wieder aufflammenden Konflikte zurückzuführen ist. Ein Exkurs in die Vergangenheit ist also zunächst unerlässlich.

Entwicklung der Region bis 1920

Zentralasien und die Kaukasusregion haben eine sehr wechselvolle Geschichte, die meist von außen bestimmt wurde. Die Region, die oftmals keine klaren Grenzen aufwies, erlebte viele Eroberer und Kulturen. Es gab nur wenige Territorien in Tälern, Oasen und an Flüssen, die sich für eine dauerhafte Besiedlung eigneten. Die wenigen, über das unwirtliche Gebiet verstreuten städtischen Zentren dienten als Stationen für die Karawanen der Seidenstraße und den Gewürzhandel. Die Khanate (Fürstentümer), die entstanden, hatten die reale Macht nur in der unmittelbaren Umgebung der Städte und in Gebieten, in denen es ihnen gelang, Steuern einzutreiben. Die meisten Menschen zogen als Nomaden mit ihren Tierherden über die Berge, durch die Steppen und Wüsten. Für sie galten nur die Verpflichtungen innerhalb ihres Clans. Das ist bis heute so geblieben. Geografische, rechtliche und politische Grenzen waren und sind unter diesen Verhältnissen kaum zu ziehen.

Das gilt auch für den Südkaukasus, also für Georgien sowie das inzwischen dazu gehörende Adscharien und die umstrittenen autonomen Gebiete Abchasien und Südossetien. Abchasien liegt im Nordwesten der Republik Georgien (russisch: Grusinien, knapp 70.000 km^2 und viereinhalb Milionen Einwohner), südlich des Kaukasus an der Nordküste des Schwarzen Meeres, die Hauptstadt ist Suchumi. Die Fläche beträgt zirka 8.600 km^2 , damit ist Abchasien etwas mehr als dreimal so groß wie das Saarland, die Einwohnerzahl beträgt etwa 360.000.

Südossetien ragt wie eine Pfeilspitze südlich des russischen Gliedstaates Nordossetien-Alanien in das georgische Territorium hinein. Es verfügt über eine Fläche von zirka 3.900 km^2, ist also etwa anderthalbmal so groß wie das Saarland und zählt 75.000 Einwohner. Die Hauptstadt ist Zschinwali.

Das Gebiet südlich des Kaukasus war schon zu den Zeiten der Antike besiedelt, vor 3.000 Jahren suchten hier Jason und die Argonauten nach dem berühmten Goldenen Vlies, das Land hieß Kolchis. Der westliche Teil des Landes wurde im ersten Jahrhundert u. Z. Provinz des Römischen Reiches und blieb nach dem Zerfall Roms eine Provinz des Byzantinischen Reiches. Nachdem der römische Kaiser Konstantin das Christentum zur Staatsreligion in seinem Reich erhoben hatte, galt das ab 327 u. Z. auch für Georgien. Somit rechnet Georgien zu den ältesten christlich geprägten Ländern der Welt. Seit der Kirchentrennung im Mittelalter, dem großen Schisma 1054, dominiert die Orthodoxe Kirche, heute die Georgische Orthodoxe Apostelkirche, das Land.

Am Ende des 10. Jahrhunderts gelang es *Georgien*, die Herrschaft von Byzanz abzuschütteln und ein eigenständiges Königreich zu errichten. Vom 11. bis zum 13. Jahrhundert war es das mächtigste Reich im Transkaukasus, das durch den Mongoleneinfall 1235 jedoch seine Selbständigkeit verlor. Danach lösten sich Perser und Araber als Besatzer ab, bis 1578 die Osmanen die Herrschaft übernahmen. Auch unter der islamischen Herrschaft behielten die Georgier mehrheitlich ihren christlichen Glauben bei. Im Jahre 1639 lösten sie sich vom Osmanischen Reich und wurden erneut eigenständig.

Abchasien war im 7. Jahrhundert u. Z. ebenfalls ein unabhängiges Fürstentum innerhalb des byzantinischen Reiches mit christlicher Bevölkerung. Es sagte sich im 8. Jahrhundert von Byzanz los, gründete um 780 das Königreich Abchasien, in der Folgezeit war es eines der bedeutendsten Reiche am Schwarzen Meer. Im Unterschied zu Georgien blieb es von der mongolischen Herrschaft verschont, wurde aber tributpflichtig. Gemeinsam mit Georgien kam Abchasien 1578 unter die Herrschaft der Osmanen; im Gegensatz zu Georgien konvertierte jedoch die Mehrheit der abchasischen Bevölkerung zum Islam. Abchasien blieb in den folgenden 250 Jahren, im Unterschied zu Georgien, eine Provinz des Osmanischen Reiches. Es entwickelte sich in dieser Zeit eine stark islamisch geprägten Gesellschaft.

Südossetien war ein Gebiet südlich des Kaukasus-Kammes, im 8. Jahrhundert Bestandteil des Fürstentums Kachetien und seit 1008 dann Teil von Georgien, von dem es sich nach zehn Jahren Zugehörigkeit wieder trennte. Die folgenden 100 Jahre waren geprägt von ständigen Auseinandersetzungen mit dem Königreich Georgien, das das Territorium wieder in sein Reich einverleiben wollte, was im Jahre 1104 auch gelang. Gemeinsam mit Georgien kam es unter mongolische Kontrolle. Das von Osseten besiedelte Gebiet hieß im Mittelalter Samachablo und gehörte am Ausgang des Mittelalters zum Königreich Kachetien.

Adscharien, im frühen Mittelalter ein Teil Georgiens, im 11. Jahrhundert von seldschukischen Türken erobert, danach unter mongolischer Herrschaft und ab 1635 Provinz des Osmanischen Reiches bis 1878.

Am Ende des 17. Jahrhunderts existierten also vier Provinzen in der Region, die sich durch ihre ethnische Herkunft und die religiöse Ausrichtung deutlich unterschieden: Georgien, Abchasien, Südossetien und Adscharien. Zu jenem Zeitpunkt war Zentralasien und der Kaukasus nur noch ein mattes Abbild seiner einstigen Pracht, die Bedeutung der Seidenstraße als wirtschaftliche Ader infolge des zunehmenden Seehandels der europäischen Staaten drastisch zurückgegangen. Es blieben verarmte, rückständige Provinzen, untereinander zutiefst zerstritten, in Kämpfe zwischen den einzelnen Khanaten verwickelt in einer vom Islam dominierten Welt.

Der Einfluss der Türkei hatte stark nachgelassen, weil sie am Anfang des 18. Jahrhunderts in einen lange dauernden Konflikt mit Persien verwickelt war. In dieses Machtvakuum drang nun das aufstrebende russische Imperium ein, besonders unter der Zarin Katharina II, die energisch die Auseinandersetzung um die Vorherrschaft gegen das Osmanische Reich führte.

Als Katharina 1774 nach dem Friedensschluss mit der Türkei ihre Soldaten aus dem verbündeten Georgien abziehen musste, wurde das Land zunehmend von allen Seiten bedrängt. Zur Machtsicherung schloss der König von Ost-Georgien 1783 einen Schutzvertrag mit Russland, der ihm allerdings nur wenig nützte: Russland annektierte das Gebiet 1801 und setzte ihn kurzerhand ab.

Ähnlich erging es auch Südossetien. Das Gebiet hatte in der Mitte des 18. Jahrhunderts (es gehörte seit 1762 zum georgischen Königreich Kartlin-Kachetien) eine relative Unabhängigkeit erreicht. Da es in der Konfliktzone zwischen den Großmächten Osmanisches Reich, Persien und Russland lag, trat nach dem Friedensschluss 1774 Kartlin-Kachetien freiwillig dem Russischen Reich bei und glaubte dadurch seine Autonomie zu behalten. Nach der russischen Annexion von Ost-Georgien erging es ihm nicht anders: Kartlin-Kachetien wurde ebenfalls in das neue russische Gouvernement Tiflis eingegliedert. 1842 wurde daraus eine eigenständige russische Verwaltungseinheit mit dem Namen »Okrug Ossetien« (Kreis Ossetien), in der schätzungsweise 60.000 Osseten lebten. Diesen Status behielt das Territorium bis 1918.

Die Regionen im Westen Georgiens wurden 1810 von Russland erobert, ebenso das südliche Abchasien, während der Widerstand im nördlichen Teil noch anhielt und dieses Gebiet erst 1829 von Russland annektiert werden konnte. Abchasien gelang es zunächst den Status eines teilautonomen Fürstentums innerhalb des Russischen Reiches zu behalten, bevor es 1864 vollständig eingegliedert wurde.

Damit begann eine der ersten großen Vertreibungsaktionen der neueren Zeit.

Abchasien war durch seine Kultur und Geschichte ein muslimisch geprägtes Land. Russland, von der Russisch-Orthodoxe Kirche beherrscht, verfolgte eine konsequent antiislamische Politik. So durften Muslime nicht mehr an der Küste des Schwarzen Meeres siedeln. Systematisch des Landes verwiesen wanderten sie in das Osmanische Reich aus. Schätzungen gehen davon aus, dass vor 1864 zirka 500.000 Muslime in Abchasien wohnten, 400.000 verließen in der zweiten Hälfte des 19. Jahrhunderts das Land, wovon geschätzte 200.000 ihr Leben durch Hunger, Krankheit und Seuchen in Flüchtlingslagern verloren. Die neuen Herren – Russen, Georgier und Armenier – übernahmen Häuser und Besitz der Vertriebenen. Am Beginn des 20. Jahrhunderts waren die muslimischen Abchasen in ihrem eigenen Land nur noch eine Minderheit. In der Diaspora, vorwiegend in der Türkei und Arabien, leben heute noch schätzungsweise 600.000 Abchasen.

Die Landkarte Zentralasiens und der Kaukasusregion veränderte sich durch die Expansion Russlands ständig. Der russische Außenminister Alexander Gortschakow formulierte 1864, dass die Grenzen nomadischer Stämme und Staaten unzureichend definiert seien und für Verwirrung sorgen würden; die Schwierigkeit für eine Großmacht wie Russland bestehe darin, bei seiner Ausdehnung zu erkennen, wo man innehalten soll.[2]

Zur Besiedelung des Landes schickte man russische Bauern in die neuen Provinzen, russische Arbeiter in die sich nun langsam entwickelnde Industrie und baute ein Eisenbahnnetz auf.

Eine größere territoriale Neuordnung in der Region gab es noch einmal 1878. Damals drohte aus dem Russisch-Türkischen Krieg ein europäischer Konflikt zu werden. Der deutsche Kanzler Bismarck bot sich als Vermittler in dem Konflikt an und lud die Vertreter der europäischen Großmächte und des Osmanischen Reiches nach Berlin ein, um eine Friedensordnung für Südosteuropa auszuhandeln. Im Ergebnis dieses Berliner Kongresses verlor das Osmanische Reich Adscharien, das an Russland ging.

Damit war die gesamte Region für die nächsten Jahrzehnte geopolitisch klar gegliedert und nicht mehr Gegenstand unterschiedlicher Herrschaftsinteressen, was jedoch Widerstand und Unruhen gegen die russische Herrschaft im Inneren nicht ausschloss.

Der folgenreichste Umbruch in der neueren Zeit geschah nach dem Sturz des Zaren und der Oktoberrevolution, was 1918 zu einem erbitterten Bürgerkrieg führte. In den Wirren dieses bewaffneten Konflikt – die Rote Armee kämpfte gegen die Weißen, die wiederum von den imperialistischen Staaten mit Interventionstruppen und Material unterstützt wurden – sahen die Kaukasusstaaten eine Chance, wieder ihre Unabhängigkeit zu erringen. So formierte sich am 22. April 1918 im Südkaukasus eine »Transkaukasische Föderation« – bestehend aus den Staaten Georgien, Aserbaidschan und Armenien mit der Hauptstadt Tiflis. Sie riefen die Unabhängigkeit aus und konstituierten ein Parlament.

Der Föderation war jedoch nur eine kurze Lebensdauer beschieden. Innere Spannungen und wachsender Druck des Osmanischen Reiches führten zur Auflösung bereits nach fünf Wochen.

Um Georgien vor einer türkischen Besetzung zu bewahren, nahm die georgische Nationalversammlung Verhandlungen mit Deutschland auf, das nach dem Frieden von Brest-Litowsk mit seinen Truppen tief in der Ukraine stand. Deutschland und Österreich hatten am 3. März 1918 mit Sowjetrussland einen Separatfrieden geschlossen, der für die russische Seite von existienzeller Bedeutung war, weshalb man auf Teile der Ukraine und ganz Belorussland verzichtet hatte. Das kaiserliche Deutschland verlangte jedoch für den »Schutz« der Unabhängigkeit Georgien Schürfrechte für Bodenschätze

(Mangan, Kupfer) und Sonderrechte bei Erdöltransporten vom Kaspischen Meer. 3.000 deutsche Soldaten wurden dafür in Georgien stationiert und blieben bis zur deutschen Kapitulation im Westen am 11. November 1918. Mit diesem Waffenstillstand wurden auch die Verträge von Brest-Litowsk annulliert.

Mit kaiserlich-deutscher Unterstützung wurde also am 26. Mai 1918 die unabhängige »Demokratische Republik Georgien« ausgerufen, die zugleich ihren Austritt aus der »Transkaukasischen Föderation« erklärte. Zwei Tage nach der Proklamation erkannte das Deutsche Reich die Unabhängigkeit des neuen Staates an – allerdings ohne das autonome Gebiet Adscharien, weil dieses im Friedensvertrag von Brest-Litowsk der mit Deutschland verbündeten Türkei zugesprochen worden war.

Die georgische Regierung stimmte dieser Bedingung am 4. Juni 1918 zu.

Um das Bündnis mit Georgien zu sichern, drängte die deutsche Oberste Heeresführung darauf, die getroffene Vereinbarung in einem Zusatzabkommen zum Friedensvertrag von Brest-Litowsk zu verankern: Sowjetrussland wurde gedrängt, auf Georgien zu verzichten.

Diese Vereinbarung erledigte sich nach der Kapitulation Deutschlands am 11. November 1918.

Nachdem die Deutschen Georgien verlassen hatten, besetzten die Briten Adscharien.

In Georgien bildeten drei Parteien eine Regierung unter Führung der Menschewiki (Sozialdemokraten).

Die Beziehungen des neuen Staates zu seinen Nachbarn waren insgesamt schwierig, es kam ständig zu territorialen und Grenzkonflikten.

Bei den Parlamentswahlen am 14. Februar 1919 erreichten die Menschewiki mit über 81 Prozent der Stimmen die absolute Mehrheit. Aus Furcht vor einer Dominanz der Georgier in der Region kam es unmittelbar danach zu Bauernaufständen in Abchasien und Südossetien, die religiös, ethnisch und wirtschaftlich motiviert waren. Diese wurden von den Bolschewiki unterstützt. Eine abchasische Armee kämpfte sowohl gegen die Weißen, gegen die Briten und gegen die Georgier.

Um die Spannung aus dem Konflikt zu nehmen, gewährte Georgien Abchasien staatliche Autonomie.

Aktuelle Karte mit den Krisenregionen Georgiens

Georgien in der Zeit der Sowjetunion

Im russischen Bürgerkrieg eroberte die Rote Armee Ende 1920 Südossetien, es entstand die »Südossetische Sowjetrepublik«. Am 16. Februar 1921 marschierte sie in Georgien ein und besetzte in den folgenden Wochen das Land. Georgiens Parlament und Regierung verabschiedeten am 21. Februar, vor der Besetzung von Tiflis, noch schnell eine neue Verfassung, bevor sie am 18. März nach Paris ins Exil gingen.

Im selben Jahr vereinbarten die Türkei und Sowjetrussland im Vertrag von Kars die Rückkehr von Adscharien nach Sowjetrussland. Als »Adscharische Autonome Sozialistische Sowjetrepublik« (ASSR) wurde sie Teil der Georgischen SSR.

Nach der Gründung der UdSSR am 30. Dezember 1922 wurde die »Transkaukasische Sozialistische Föderative Sowjetrepublik« konstituiert. Ihr gehörten die Armenische SSR, die Aserbaidschanische SSR, die Georgische SSR, die Abchasische ASSR, die Adscharische ASSR und das Südossetische Autonome Gebiet an.

Moskau siedelte auch in dieser Region Russen an und besetzte mit ihnen sowohl die leitenden Funktionen in den Verwaltungen als auch in der Wirtschaft. Es ging auch schon damals um Öl, Baumwolle und Erze.

In der Zeit Stalins erfolgten neue Grenzfestlegungen, die durchaus imperialen Vorstellungen folgten. Oft wurde unterschiedliche ethnische Gruppen nach dem Prinzig des Teile-und-herrsche in einer Republik zusammengebracht, um sie von den Russen regieren zu lassen.

Damit waren soziale Konflikte stets auch Auseinandersetzungen mit ethnischem Hintergrund. Sie wurden mit dem russisch beherrschten Parteiapparat gedeckelt, der Einfluss lokaler ethnischer Gruppen wurde möglichst klein gehalten.

Stalin selbst war Georgier. Im Dezember 1878 in Gori geboren, fühlte er sich Zeit seines Lebens nicht als Russe, sondern als Georgier. Man konnte es sehen und hören, wenn er sprach, er war stolz auf seine Herkunft, trank georgischen Wein, aß georgische Speisen, sang Lieder aus seiner Heimat. Wenn Stalin, umgeben von seinen georgischen Leibwächtern, nach Abchasien in den Urlaub fuhr, lud er Freunde aus seiner Heimat, vor allem die Parteichefs von Georgien und Abchasien, in sein Landhaus ein, die auf georgische Weise zu singen verstanden. Er teilte die Auffassungen des georgischen Milieus, in dem er aufgewachsen war, mit seinem System der Freundschaft, der Ehre, der Männerbünde und der Blutrache und pflegte Ressentiments gegen Ukrainer, Polen, Juden und Muslime.

Im Politbüro waren die Kaukasier zunächst mit Stalin, Mikojan und Ordschonikidse vertreten. Nachdem Berija, bis dahin Vorsitzender der KPdSU (B) der Transkaukasischen Republik, Ende der 30er Jahre nach Moskau berufen worden war, sprach man davon, dass »der Hof Stalins eine kaukasische Färbung angenommen habe«.[3] Es verwundert nicht, dass Stalin Georgien wie ein Kronjuwel behandelte. Die Bürger des Landes mussten kaum Steuern zahlen, und die Abchasische Sozialistische Sowjetrepublik wurde 1931 Georgien als Autonome Republik zugeschlagen.

Für die einen handelte es sich lediglich um eine Gebietsreform. Andere hingegen sehen diesen Schritt als Beginn eines kulturellen Genozids.

1936 wurde die »Transkaukasische Sozialistische Sowjetrepublik« aufgelöst. Georgien erhielt den Status einer selbständigen Teilrepublik. In diesem Zusammenhang wurde ihr das »Südossetische Autonome Gebiet« zugeordnet. (Die Autonomie innerhalb der UdSSR war bekanntermaßen sehr eingeschränkt, sie äußerte sich allenfalls in einer gewissen kulturellen Selbständigkeit.)

Als die Gorbatschow-Führung in Moskau 1988 den Sowjetrepubliken mehr Autonomierechte einräumte, strebten zwangsläufig einzelne Sowjetrepubliken in Richtung Unabhängigkeit. Vor allem in Zentralasien und in der Kaukasusregion wollte man sich von jahrzehntelanger Bevormundung befreien. Dieses politische Aufbegehren – wie falsch oder wie berechtigt es immer auch war – wurde begleitet von gewalttätigen Auseinandersetzungen zwischen den verschiedenen ethnischen Gruppen. Die Jahrhunderte alten, unter der sowjetischen Regierung unterdrückten Interessen aus der historischen Entwicklung der Region kochten wieder hoch.

Die starken nationalistischen Tendenzen wurden durch schwache institutionelle Rahmenbedingungen noch begünstigt. In Zentralasien und in der Kaukasusregion besteht eine lange Tradition von eigenmächtigen Regimes, die ihre Macht ohne ein System der Kontrolle und Gewaltenteilung ausüben. In den meisten Republiken dient auch heute noch die Judikative den Interessen des Staates, die Exekutive regiert, ohne sich um das Parlament zu scheren.[4]

Beim Zusammenbruch der Sowjetunion war es deshalb anfangs nicht klar, ob die alten Sowjetrepubliken überleben oder ob neue Staaten auf der Grundlage ethnischer Identitäten entstehen würden.

Das Fazit dieser historischen Entwicklung: Am Ende des 20. Jahrhunderts hatten sich die Probleme der Region zu einem Gordischen Knoten verflochten, den man bekanntlich nicht entwirren, sondern nur zerlegen kann.

Hinzugekommen war eine neue Komponente, die es vorher nicht gegeben hatte: der militante Islamismus. Der Islam hatte zu Zeiten der Sowjetunion im Untergrund weiter gelebt, so dass bereits während der Perestroika die gemäßigten Formen des Islam schnell wieder auflebten und öffentlich in Erscheinung traten. Zusätzlich aber brachten (und bringen immer noch) Kräfte von außen Veränderungen, so dass zunehmend radikalere Formen des Islam an Einfluss gewannen.

Militante Ideen aus dem arabischen Raum dienten als Ventil für die weit verbreitete Wut über die alten Regierungssysteme. Besonders der Krieg der Russen in Afghanistan hatte dazu geführt, dass tausende junge Männer aus den zentralasiatischen Regionen, vor allem aus Usbekistan und Tadschikistan, islamistische Koranschulen besuchten und danach eine Guerilla-Ausbildung erhielten, um gegen die sowjetischen Truppen in Afghanistan zu kämpfen. Insgesamt waren nach Schätzungen 40.000 bis 100.000 Muslime aus 43 Ländern gegen die Sowjettruppen in den 80er Jahren im Einsatz.[5]

Muslime aus Zentralasien studierten kostenlos an den Koranschulen in Pakistan, wo die ultrakonservative islamische Bewegung der Deobandi zu Hause ist. Die sunnitische Sekte war im 19. Jahrhundert im westlichen Teil Indiens entstanden und von antikolonialen und antiwestlichen Gefühlen inspiriert. Nach der Teilung des kolonialen Indiens fand sie im islamischen Pakistan eine Heimstatt. Sie hat sich den Dschihad, den Heiligen Krieg, und den Widerstand gegen die westlichen Modernisierer auf ihre Fahne geschrieben und tritt für die konsequente Umsetzung der Scharia, der Durchsetzung der Vorschriften des Islam, und für einen militanten Dschihad ein.

Ihre Anhänger betrachten Zentralasien als Rekrutierungsraum von Freiwilligen, um auf die Entwicklung der Region Einfluss zu nehmen. Die Gruppierungen führen Krieg gegen alles, was sie als Bedrohung des Islam und der muslimischen »Umma« (islamische Volksgemeinschaft) betrachten. Sie setzen sich zur Wehr, wenn ihre Brüder und Schwestern – angeblich oder tatsächlich – gedemütigt oder ungerecht behandelt werden, wenden sich gegen »willkürliche« Regierungen und »Beleidigungen« ihres Glaubens. Sie kämpfen für ein panislamisches Kalifat, das nach ihrer Ansicht das Ansehen des Islam wiederherstellen wird.[6]

1989 begannen auch die Menschen auf den Straßen von Tiflis – in Erwartung des Zerfalls der Sowjetunion und angeheizt durch den späteren georgischen Präsidenten Gamsachurdia – die Losung »Georgien den Georgiern« zu rufen, was sich zunächst vor allem gegen den russischen Teil der Bevölkerung richtete.

Nach dem Ende der Sowjetunion erklärte sich Georgien am 9. April 1991 für unabhängig.

Der wieder erstarkende georgische Nationalismus ängstigte die dort lebenden Minderheiten. Diese besannen sich auf ihre ethnischen Besonderheiten und sahen ihre kulturelle Identität durch die Georgier bedroht. Unter den Muslimen ging auch die Angst vor religiöser Unterdrückung um. Georgien hatte nach seiner Unabhängigkeit die »Georgische Orthodoxe Apostelkirche« zur Staatskirche erklärt, die Gotteshäuser anderer Konfessionen geschlossen oder der orthodoxen Kirche übereignet sowie die Ausübung anderer Religionen zur Privatsache erklärt.

Die Abchasen befürchteten nicht nur den Verlust ihrer Autonomie, sondern auch religiöse Schikanen. Und so wollten die Abchasen von Georgien, was Georgien von der Sowjetunion wollte: die Unabhängigkeit.

Aber die Abchasen waren nach den Vertreibungen und diversen Umsiedlungen nur noch eine Minderheit im eigenen Land. Sie bemühten sich deshalb intensiv um den Status einer eigenen, unabhängigen Sowjetrepublik. Es gab Protestaktionen. Bei Demonstrationen am 16. Juli 1989 starben 16 Menschen. Da die Regierung der Sowjetrepublik offensichtlich nicht in der Lage war, die Eskalation der Gewalt in Georgien zu verhindern, schickte Moskau Truppen des Innenministeriums, um die Ordnung wiederherzustellen. Nationalistische Hardliner wurden für die Unruhen verantwortlich gemacht.

Ähnliche Tendenzen gab es auch in Südossetien, wo am 10. November 1989 der Oberste Sowjet des Bezirkes unter starkem Einfluss einer »Volksfront Südossetiens« die Gründung einer »Südossetischen Autonomen Sowjetrepublik« beschloss und den Zusammenschluss mit Nordossetien forderte. Das gehörte als autonome Republik zur Russischen Föderation.

Das Präsidium des Obersten Sowjets Georgiens erklärte diesen Beschluss sofort für unwirksam, verbot öffentliche Demonstrationen und Zeitungsveröffentlichungen zum Thema[7] und leitete weitere Maßnahmen zur Bekämpfung des Separatismus ein. Die georgische Sprache wurde zur alleinigen Amtssprache erklärt, obwohl Russisch, das in Südossetien gesprochen wird, durch die Verfassung von 1936 ebenfalls Amtssprache war.[8]

Es kam zum ersten Südossetien-Konflikt, der bis 1990 dauerte. Georgische Nationalisten drangen in das Gebiet ein und belagerten die Hauptstadt Zschinwali. Auch jetzt versuchten Truppen des sowjetischen Innenministeriums, die verfeindeten Seiten zu trennen.

Nach einer vorübergehenden Beruhigung erklärte sich Südossetien am 20. September 1990 erneut als Sowjetrepublik unabhängig, worauf diesmal georgische Milizen in das Gebiet einmarschierten. Es kam zu schweren Kämpfen zwischen den Parteien.

Georgische Nationalisten brannten ossetische Dörfer nieder, Osseten reagierten mit Repressalien gegen Georgier. Die Zusammenstöße forderten zirka 2.000 Tote auf Seiten der Osseten, etwa 100.000 Menschen flohen nach Russland.

Moskau entsandte erneut Truppen in die Region. Nunmehr flüchteten 20.000 Georgier aus Angst vor Repressalien durch die Osseten nach Georgien. Im Dezember 1990 wurde der Ausnahmezustand verhängt.

Nachdem Georgien im April 1991 seine Unabhängigkeit erklärt hatte, betonte Südossetien am 1. September 1991 noch einmal seine Unabhängigkeit und benannte sich in »Republik Südossetien« um.

In einem Referendum am 19. Januar 1992 sprachen sich über 90 Prozent der Bevölkerung Südossetiens für eine Unabhängigkeit von Georgien und einen Anschluss an Nordossetien aus.

Am 21. Dezember 1991 hatte sich die Sowjetunion aufgelöst. Mit der Deklaration von Alma Ata endete die Geschichte der 1922 gegründeten Union der Sozialistischen Sowjetrepubliken (UdSSR), »eines zentralistisch regierten, föderativen Einparteienstaates in Osteuropa, dem Kaukasus sowie Nord- und Zentralasien«, wie es bei Wikipedia heißt. Das Kerngebiet – mit 78 Prozent der Fläche von 1990 – bildete die Russische Föderation, vormals RSFSR.

Georgien mit seinen Nachbarn

Erster Präsident Georgiens wurde Swiad Gamsachurdia (1939-1993), ein ehemaliger sowjetischer Schriftsteller und Dissident, der allerdings so unpopulär und verhasst war, dass er bereits im Januar 1992 (er amtierte seit Mai 1991) nach einer längeren Belagerung seiner Amtsräume fluchtartig das Land verließ und sich zunächst ins Exil, dann in seine Heimatprovinz, das im Westen Georgiens liegende Megrelien, zurückzog.

Unter seiner Präsidentschaft hatte am 6. September 1991 Georgien die offiziellen Beziehungen zu Russland abgebrochen.

Nachfolger Gamsachurdias wurde Eduard Schewardnadse, einst Außenminister der Sowjetunion. Er war allerdings genötigt, eine Regierung zu akzeptieren, die von georgischen Nationalisten dominiert wurde.[9] Ihr gehörten einstige Gamsachurdia-Freunde mit privaten militärischen Einheiten an[10], was für die folgenden Monate und Jahre bedeutsam sein sollte.

Als eine der ersten Handlungen setzte die neue Regierung die Verfassung von 1921 wieder in Kraft und annullierte *alle* Entscheidungen, die in der Zeit der Sowjetunion getroffen worden waren. Das bedeutet logischerweise auch die Gebietsänderungen von 1931 und 1936.

Nach dem Abzug der russischen Truppen im April 1992 aus Südossetien kam es sofort wieder zu Kämpfen zwischen südossetischen Einheiten und georgischen Milizen. Durch Vermittlung Russlands wurde ein Waffenstillstand vereinbart, welcher am 24. Juni 1992 vom russischen Präsidenten Jelzin und seinem georgischen Amtskollegen Schewardnadse unterzeichnet wurde. (Auf diesen nimmt der Untersuchungsbericht der Europäischen Union Bezug.)

Darin wurde die Anwendung militärischer Gewalt für die Zukunft ausgeschlossen. Eine 1.500 Mann starke Friedenstruppe aus Russen, Osseten und Georgiern sollte für Ruhe und die Einhaltung des Waffenstillstandes sorgen.

Diese Friedenstruppe wurde ihrerseits von einer gemischten Kontrollkommission beaufsichtigt.

Georgien zog seine Truppen aus der Region ab, am 15. Mai 1993 unterzeichneten der russische Verteidigungsminister Gratschkow und sein georgischer Kollege Karkaraschwili ein Abkommen über den vollständigen Abzug der russischen Truppen bis Ende 1995.

Auf ausdrücklichen Wunsch der georgischen Seite sicherten aber russische Truppen in West-Georgien wichtige Bahn- und Hafenanlagen gegen Rebellen unter der Führung des früheren georgischen Präsidenten Gamsachurdia, der in seiner Heimatregion für einige Unruhe sorgte. Dazu erhielt Russland in einer Vereinbarung vom 3. Februar 1994 das Recht, drei Militärstützpunkte in Georgien zu errichten und bis zu 20.000 Soldaten dort zu stationieren, die auch nach dem Auslaufen des Abkommens stationiert bleiben konnten.

Schließlich unterzeichneten dann am 27. August 1996 der georgische Präsident Schewardnadse und der spätere Präsident Südossetiens Tschibikow bei einem Treffen in Wladikawkas eine Erklärung, nach welcher beide Seiten eine Lösung des Konfliktes gemäß »den Prinzipien der territorialen Integrität und des Rechts der Völker auf Selbstbestimmung« anstreben. . (Der zweite Vertrag, auf den der Abschlussbericht der EU Bezug nimmt).

Dieses Arrangement hielt bis 2004.

Zurück nach Abchasien.

Nachdem, wie bereits festgehalten, Anfang 1992 das georgische Parlament die Verfassung von 1921 wieder in Kraft gesetzt hatte, erklärten das abchasische Parlament und der Oberste Sowjet Abachasiens im Juli 1992 sich zum selbständigen Staat, der seine Beziehungen zu Georgien noch klären müsse. Dabei berief man sich auf die Verfassung von 1925, laut der das Land eine Autonome Republik war.

Darauf beschloss die georgische Regierung, diesen unentwirrbaren Gordischen Knoten wie weiland Alexander der Große mit dem Schwert zu trennen. Am 14. August 1992 rückten georgische Truppen in Abchasien ein. Die Abchasen setzten sich zur Wehr, es folgte eine Woche der Gewalt mit zahlreichen Opfern auf beiden Seiten (man spricht von etwa 3.000 getöteten Abchasen).

Georgien übernahm die Kontrolle über das Gebiet und schloss die Volksvertretung in der Hauptstadt Suchumi.

Was nicht vorauszusehen war: Die abchasische Niederlage löste eine wütende Reaktion der »Konföderation der Kaukasusvölker« aus.

Diese war 1989 als »Konföderation der Bergvölker des Kaukasus« gegründet worden und war eine opportunistische Sammlungsbewegung von 16 Völkern des Nordkaukasus sowie Abchasiens und Südossetiens, welche den in den Kaukasusrepubliken etablierten alten Systemen und postkommunistischen Eliten den Kampf angesagt hatte. Ziel der Konföderation war der Zusammenschluss der muslimischen Bergvölker in einer gemeinsamen Republik, wie sie 1919 bis 1921 in Form der »ASSR der Bergvölker« schon einmal kurz bestanden hatte.

Unter dem Einfluss des inzwischen in der Region verbreiteten militanten Islamismus entsandte die »Konföderation« Freiwilligen-Milizen, unter ihnen auch Dschihad-Kämpfer, die an der Seite der Abchasen in die Kämpfe gegen die Georgier eingriffen. Mit deren Hilfe vertrieben die abchasischen Kräfte in einer Offensive die georgischen Truppen aus dem Norden des Landes, im Juli 1993 erreichten sie Suchumi und versuchten die Hauptstadt zurückzuerobern.

Der Versuch misslang aber zunächst.

Im September begannen sie eine neue Offensive. Nach heftigen, zehn Tage dauernden Kämpfen kapitulierte Suchumi. Die abchasischen Milizen und ihre Verbündeten verfolgten die abziehenden georgischen Truppen, wobei es zu Massakern an georgischen Zivilisten kam. Die Mehrheit der georgischen Bevölkerung, die zuvor ihre Truppen unterstützt hatte und mit ihnen auch zahlreiche Kriegsverbrechen an Abchasen beging[11], zog sich aus Angst vor Vergeltung panikartig mit den georgischen Truppen zurück, noch bevor die abchasischen Einheiten sie erreichten. Insgesamt flohen schätzungsweise 250.000 Georgier aus dem Land. Etwa 50.000 kehrten später wieder zurück.

Georgien drohte jetzt der Einfall der abchasischen Truppen und der muslimischen Freiwilligen-Milizen in sein Kernland. Nach 18 Monaten Krieg stand das Land vor einem Desaster. In dieser brenzligen militärischen Situation, aus Sicht internationaler Beobachter auch durch mangelnde militärische Fähigkeiten der georgischen Streitkräfte verursacht, wandte sich Georgien nun hilfesuchend an Russland und bat um Unterstützung im Konflikt.

Moskau antwortete reserviert (und sicherlich mit einiger Schadenfreude). Da Georgien 1991 *alle* Beziehungen zu Russland abgebrochen hatte und auch nicht der GUS sowie dem Vertrag über kollektive Sicherheit beigetreten war, sehe Moskau keine Möglichkeit einzugreifen, hieß es. (Die GUS, ein Zusammenschluss von Nachfolgestaaten der ehemaligen Sowjetunion, war am 8. Dezember 1991 durch Russland, Weißrussland und die Ukraine gegründet worden mit dem Ziel, einen gemeinsamen Wirtschafts- und Sicherheitsraum zu schaffen. Acht weitere ehemalige Sowjetrepubliken traten dem Bund bei. Der Vertrag über kollektive Sicherheit vom 15. Mai 1992 diente der Gewährleistung von Sicherheit, Souveränität und territorialen Integrität der acht Mitgliedstaaten durch Zusammenarbeit bei militärischen Angelegenheiten und der Bekämpfung grenzübergreifender Bedrohungen durch Terroristen.)

Georgien trat daraufhin, quasi der Not gehorchend, umgehend der GUS bei. Russland drohte nun den Abchasen mit einem Eingreifen, sollten sie in Georgien einmarschieren. Es wurde ein Waffenstillstand angestrebt, der erst nach dreimaligem Anlauf am 4. April 1994 mit dem Vertrag von Moskau abgeschlossen wurde. Der Fluss Inguri wurde zur Waffenstillstandslinie erklärt.

Der Waffenstillstand stand unter der Schirmherrschaft Russlands, der UNO und der OSZE. Zur Überwachung und Sicherung des Waffenstillstandes wurden im Auftrag der GUS-Staaten und mit ausdrücklicher Zustimmung Georgiens 1.500 russische Soldaten als Friedenstruppe in Abchasien stationiert. Das Mandat belief sich auf 3.000 Soldaten. Hinzu kam eine 121-köpfige Gruppe der UNO (UNOMIG) als Kontrollinstanz. Die BRD stellte mit elf Soldaten das größte Kontingent.

Abchasien gab sich danach eine Verfassung, Gesetze, Hymne und Staatsflagge. Die angestrebte Souveränität wurde allerdings durch die internationale Völkergemeinschaft nicht anerkannt. Der »Staat« ist 8.600 km^2 groß und zählt wenig mehr als 200.000 Einwohner.

Der dritte Unruheherd in Georgien war Adscharien. Hier begannen im April 1990 die ersten Demonstrationen für eine staatliche Unabhängigkeit in der Hauptstadt Batumi. Bei Parlamentswahlen im Oktober 1990 erhielten eine kommunistische Allianz 56 Prozent der Stimmen. Um eine Abspaltung von Georgien zu verhindern, übernahm der georgische Vizeminister für Versorgungsbetriebe Abaschidse im April 1991 kommissarisch das Amt des adscharischen Parlamentspräsidenten. Er löste sofort das Parlament auf und verhinderte die Wahl eines neuen. Es entstand ein autokratisches lokales Regime, das von Georgien weitgehend unabhängig war. 1998 wurde Abaschidse zum Präsidenten des Landes gewählt, das keine 400.000 Menschen zählt, die auf 2.900 km^2 leben.

Die zwischen Georgien und den abtrünnigen Provinzen in der ersten Hälfte der 90er Jahre abgeschlossenen

Waffenstillstandsvereinbarungen führten zu einer Beruhigung der Lage in der Region. Die Probleme waren zwar nicht gelöst, aber die Situation an den Demarkationslinien war, sah man von vereinzelten Zwischenfällen ab, im Wesentlichen friedlich. International sprach man von einem »gefrorenen Konflikt«.

So blieb es bis 2004.

Während bis dahin die Region im Südkaukasus weitgehend außerhalb des Blickfeldes der internationalen Völkergemeinschaft lag und Russland in der ersten Hälfte der 90er Jahre noch ziemlich unbehelligt in seiner ehemaligen Einflusszone operierte, änderte sich das in der zweiten Hälfte des Jahrzehnts.

Das hing mit der Tatsache zusammen, das im Kaspischen Meer 1996 große Öl- und Gasvorkommen entdeckt wurden. Das Interesse der USA und anderer Staaten war sofort geweckt.

Auch in Kasachstan erkundete man bedeutende Vorkommen. Nach Schätzungen wird das Land in den nächsten Jahren in den Kreis der zehn größten Erdöl- und Erdgasproduzenten aufsteigen.

Die zentralasiatischen Ölfelder zählen zu den wichtigsten Vorkommen in der Welt, man schätzt sie auf 50 bis 110 Milliarden Barrel Öl und 7 bis 9 Billionen Kubikmeter Gas[12].

Das waren entscheidende Gründe für die internationalen Ölkonzerne, sich sofort um Förderlizenzen zu bewerben. Sie stießen dabei auch auf das große Interesse der Förderländer, denn weder diese noch Russland sahen Möglichkeiten, diese Vorkommen selbst zu erschließen. Es begann der Run auf die Förderfelder in Zentralasien, allein in Kasachstan wurden bis 2007 etwa 40 Milliarden Dollar in die Ölindustrie investiert. Für Investitionen braucht man Sicherheit, die politische Instabilität der Region gab jedoch Anlass zur Sorge bei den ausländischen Konzernen.

Energieunternehmen des Westens handelten in Zentralasien und im Kaukasus als Diplomaten, die mit strategischer Rückendeckung ihrer Staaten eigene Interessen wahrnahmen. Namentlich die USA übernahm jedoch zunehmend das Heft des Handelns. Sie wollten mit ihrem Engagement aber nicht nur die Ölgesellschaften schützen und die Grundlagen des Extremismus beseitigen, sondern sie verfolgen in der Region strategische Ziele.

Zum einen soll die Dominanz der amerikanischen Investitionen in der Ölindustrie und zum anderen »Energiesicherheit« für die USA geschafft werden. Man möchte neben der OPEC auf andere Quellen zurückgreifen können. Auf Grund der weltweit wachsenden Nachfrage zählt die sichere stabile Ölversorgung zu den wichtigsten Fragen in der Welt.[13]

Hinzu kam nach den Anschlägen auf das World Trade Center in New York im September 2001 und dem folgenden »Krieg gegen den Terrorismus« auch noch die Eignung als Luftkorridor zur Versorgung der amerikanischen Truppen in Afghanistan.

So begannen die USA ab 1999, noch unter Präsident Clinton, in Zentralasien »Verbündete« zu kaufen. Usbekistan, Kirgisistan und Kasachstan erhielten drei Milliarden Dollar Hilfe – offiziell zur Bekämpfung von Aufständischen. Es wurden gemeinsame Militärmanöver durchgeführt und Offiziere sowie Sondereinsatzkommandos aller zentralasiatischen Republiken in den USA ausgebildet.[14]

Ein Blick auf die Landkarte offenbart, dass es große Probleme dabei gibt, Öl und Gas aus Zentralasien an die internationalen Märkte zu bringen. Bis dato pumpte man das zentralasiatische Öl durch eine Pipeline, die durch die Sowjetunion beziehungsweise Russland führte und am Schwarzen Meer in der russischen Stadt Noworossisk endete. Das wollten die USA ändern. Im Krisenfalle, so die Überlegung, könnten die Russen den Hahn einfach abdrehen. Aus strategischen Gründen wollte sich Washington nicht in die Abhängigkeit Moskaus begeben und suchte darum nach Alternativen.

Iran schied für eine Pipeline aus politischen Gründen aus.

So rückte der Südkaukasus und damit Georgien in den Fokus der USA. Es wurde eine Pipeline von Baku durch Georgien und die Türkei zum Mittelmeerhafen Ceyhan geplant und projektiert, mit fast 1.800 Kilometern die zweitlängste der Welt. Für vier Milliarden Dollar sollte sie überwiegend unterirdisch verlegt werden. Mit dem Bau wurde 2002 begonnen, 2006 wurde der erste Tanker im Hafen von Ceyhan befüllt.

Die Amerikaner rechnen damit, dass die Baku-Tiflis-Ceyhan-Pipeline (BTC) die wichtigste Exportpipeline für die Märkte im Westen wird, ihre Lebensdauer wird mit 50 Jahren veranschlagt. Eine Million Barrel pro Tag sollen bei vollem Betrieb durch diese Leitung fließen und damit fast zehn Prozent der Weltproduktion.[15]

Dazu soll nach den Planungen parallel zur bestehenden Öl-Pipe auch noch eine Gas-Pipe gebaut werden, die aber weiter durch die Türkei und den Bosporus nach Europa führt. Diese Nabucco-Pipeline ist ein aktuelles Thema der europäischen Energiepolitik. Im Januar 2009 gab es dazu eine Regierungskonferenz in Budapest, um dem Projekt neuen Schwung zu verleihen und die Abhängigkeit von Russland zu verringern. Am 13. Juli 2009 unterzeichneten in der türkischen Hauptstadt Ankara fünf Staaten – Österreich, Ungarn, Rumänien, Bulgarien und die Türkei – ein Grundlagendokument für den Bau der Pipeline.

Der griffige Name geht auf Verdis Oper »Nabucco« zurück, die österreichische und türkische Manager in der Wiener Oper hörten, nachdem sie im Oktober 2002 über den Bau einer Pipeline für zentralasiatisches Erdgas nach Europa diskutiert hatten.

Dem Konsortium gehören inzwischen die Gaskonzerne OMV (Österreich), MOL (Ungarn), Transgaz (Rumänien), Bulgargaz (Bulgarien) und Botas (Türkei) an. Inzwischen hat sich auch der Essener RWE-Konzern angeschlossen, sein Konkurrent e.on ist Konsortiumsmitglied der geplanten Ostsee-Pipeline.

Das Projekt kann sich auch der Unterstützung durch die EU-Kommission erfreuen, deren Präsident Barroso die beteiligten Akteure aufforderte, das Projekt voranzutreiben und die das Projekt über Förderbanken mit staatlichen Krediten, Garantien und öffentlichen Zuschüssen in Höhe von fast vier Milliarden Euro unterstützen will. Der deutsche Ex-Außenminister Joschka Fischer ist inzwischen Chef-Lobbyist des Projektes, während sein früher Chef, Altkanzler Gerhard Schröder, sich in den Aufsichtsgremien der Ostsee-Pipeline engagiert.

»Nabucco« könnte in Sangachal in Aserbaidschan am Kaspischen Meer, südlich von Baku, beginnen (wo gegenwärtig bereits die BTC-Ölpipeline ihren Anfang hat) und dann durch Georgien, die Türkei, Bulgarien, Rumänien und Ungarn bis kurz vor Wien zum Verteiler Baumgarten führen, das sind insgesamt 3.300 Kilometer. Die veranschlagten Kosten belaufen sich auf knapp acht Milliarden Euro. Bei voller Leistung sollen ab 2020 jährlich 31 Milliarden Kubikmeter Erdgas transportiert werden.

Die bisherigen Planungen gingen von einem Baubeginn 2010 und einer Inbetriebnahme 2013 aus, der Inbetriebnahmetermin ist aber bereits auf das Jahr 2015 verschoben worden.

Solche Pipelines sind strategische Investitionen und können leicht Ziel terroristischer Anschläge werden. Während der letzte Teil der BTC durch die Türkei und damit ein NATO-Land führt, hatten die Amerikaner mit Georgien große Probleme. Zwar war das Land von Russland unabhängig, aber ein Präsident Schewardnadse, letzter sowjetischer Außenminister, war ihnen unverändert suspekt.

Die beste Lösung schien ihnen darum, dass Georgien NATO-Mitglied würde, um entstehende Probleme mittels »Beistandsverpflichtung« der NATO zu lösen. Allerdings musste Georgien selbst in die NATO wollen und einen Antrag stellen. Der amtierende Präsident schien da nicht der richtige Mann. Also suchte man einen geeigneten Nachfolger. Über einschlägige Erfahrungen für inszenierte Machtwechsel verfügen Washington und seine Geheimdienste reichlich.[16]

Bei der Suche wurde man auch bald fündig.

Micheil Saakaschwili, Jahrgang 1967, hatte in Strasburg und in den USA Jura studiert, 1994 seinen Abschluss gemacht und danach als Anwalt bei einer bekannten Anwaltssozietät in New York gearbeitet. 1995 hatte ihn Präsident Schewardnadse durch seinen Vertrauten Schwania nach Georgien in die Politik holen lassen, wo er eine steile Karriere machte. Er wurde sofort Abgeordneter im Parlament und Vorsitzender des Rechts- und Verfassungsausschusses und 1998 Fraktionsvorsitzender der regierenden »Georgischen Bürgerunion«. Von Oktober 2000 bis September 2001 arbeitete er als Justizminister. Von diesem Amt trat er im September 2001 angesichts der ihm angebotenen Perspektive zurück. Die USA bauten Saakaschwili zum Gegenkandidaten auf, was nicht ohne erhebliche finanzielle Hilfe geschah. Mit offiziellen Geldern aus den USA war das natürlich nicht möglich, man musste also andere Wege finden.

Private Nichtstaatliche Organisationen (NGOs) übernahmen den Auftrag, Saakaschwili in einer ausgeklügelten Geheimdienstoperation an die Macht zu bringen und mit Hilfe dieser Marionette ein USA-freundliches Regime in Georgien zu installieren. Das *Wall Street Journal* bestätigte am 24. November 2003 die Annahme, dass der Sturz von Schewardnadse das Werk »einer Reihe Nichtstaatlicher Organisationen« gewesen sei, »die von amerikanischen und westlichen Stiftungen finanziert wurden«.

Die Aktivitäten von NGOs in Tiflis wurden vom US-Botschafter in Georgien, Richard Miles, koordiniert, der aus Belgrad kam und als Spezialist für verdeckte Geheimdienstoperationen gilt. Daran beteiligt waren die

Stiftung *Open Society Georgia Foundation* des US-Multimilliardärs George Soros und das in Washington ansässige *Freedom House*, das vom ehemaligen CIA-Chef James Woolsey geleitet wurde. Darüber hinaus flossen großzügig Gelder der vom US-Kongress finanzierten Stiftung *National Endowment for Democracy* nach Tiflis.[17]

Mit vielen Millionen Dollar zog im Juni 2002 ein Bündnis mit dem Titel »Tiflis ohne Schewardnadse« unter Führung von Saakaschwili in den Wahlkampf. Die Allianz wählte ihn zum Vorsitzenden der Stadtverordnetenversammlung von Tiflis, damit de facto zum Bürgermeister der Hauptstadt. Da in Tiflis mehr als 27 Prozent der Einwohner Georgiens leben, war das eine wichtige Machtbasis. Für die zum 2. November 2003 angesetzten Parlamentswahlen gründete Saakaschwili und seine auswärtigen Strippenzieher im Oktober die Oppositionspartei »Vereinte Nationale Bewegung«, deren Vorsitz er übernahm. Mit den reichlich vorhandenen Dollar holte Saakaschwili aus dem Westen des Landes noch 30.000 Anhänger des gestürzten ersten Präsidenten Gamsachurdia, ausgewiesene Gegner des amtierenden Präsidenten Schewardnadse, zur Unterstützung nach Tiflis zurück.

Die Lage in Georgien vor der Wahl war sehr angespannt, die Verbitterung in der Bevölkerung auf Grund der wirtschaftliche Situation und der ausufernden Korruption der Herrschenden groß. 32 Prozent der Bevölkerung lebten unterhalb der Armutsgrenze, 15 Prozent in extremer Armut. Die Alterspensionen betrugen 19 Euro pro Monat. Hinzu kamen die unzumutbaren Lebensumstände von hunderttausenden Flüchtlingen aus Abchasien und Südossetien, die seit 1994 in Kasernen, Hotels und Krankenhäusern kampierten und pro Familie von umgerechnet sechs Euro monatlicher Unterstützung leben mussten.

Aus den Parlamentswahlen ging laut offizieller Wahlkommission zwar die Partei des bisherigen Amtsinhabers Schewardnadse als Sieger hervor, aber die OSZE als Beobachter sprach von erheblichen Unregelmäßigkeiten bei der Wahl. An Hand von Nachfragen, die Saakaschwili bei Instituten stellte und die die Manipulationen bestätigten, erklärte er sich daraufhin zum Wahlsieger und rief seine Anhänger zu Demonstrationen gegen die Schewardnadse-Regierung in der Hauptstadt auf.

Am 22. November 2003, dem Tag der konstituierenden Sitzung des Parlaments, stürmten von ihm angeführte Anhänger mit Rosen das Gebäude und verschafften sich Zugang zum Plenarsaal. Trotz der Rosen kam es zu einer Prügelei, Schewardnadse floh unter dem Schutz seiner Leibwächter aus dem Saal.

Ein am folgenden Tag auf Anregung des russischen Außenministers Iwanow erfolgtes Treffen der beiden vermeintlichen Wahlsieger blieb ohne Ergebnis.

Schewardnase trat noch am gleichen Tag zurück. Am 4. Januar 2004 wurde Saakaschwili mit 94 Prozent der Stimmen zum Staatspräsidenten Georgiens gewählt und am 25. Januar vereidigt.

Das Drehbuch der USA war umgesetzt, der Wechsel in Georgien geschafft.

Schewardnadse, Jahrgang 1928, lebt heute in Tiflis unter Hausarrest, und spricht mit Gorbatschow kein Wort mehr, weil der – entgegen der ursprünglichen Verabredung – 1990 nicht den Friedensnobelpreis mit ihm teilte. Dafür erhielt er sieben Ehrendoktortitel in den USA und einen achten der Friedrich-Schiller-Universität Jena.

Im Herbst 2009 wurde ein Fernsehteam aus Hamburg zu Schewardnadse in Tiflis vorgelassen. Er sollte sich als Zeitzeuge zur DDR und zu Honecker äußern. Der NDR bereitet eine 90-minütige Dokumentation zu »Honeckers in Lobetal« vor, die im Vorfeld des 100. Geburtstages des ehemaligen DDR-Staatsoberhauptes im Jahre 2012 in der ARD laufen soll.

Schewardnadse erklärte in die Kamera, das ihn, also Moskau, Honecker und die DDR 1989/90 nicht die Spur interessiert hätten. Und auf den Hinweis des Interviewers Eric Friedler, ob denn die Sowjetunion sich nicht für den Verbündeten hätte verantwortlich fühlen müssen, immerhin sei Honecker unmittelbar nach seiner Operation in der Berliner Charité unter fadenscheinigen Gründen inhaftiert und nach der Entlassung aus U-Haft in Rummelsburg Deutschlands berühmtester Obdachloser gewesen, was ein Skandal ersten Ranges gewesen sei, winkte Schewardnadse ab und meinte zynisch: Da könne er doch froh sein. Andere Diktatoren seien nach ihrem Sturz gleich erschossen worden …

Nach der »Rosenrevolution«

Als Saakaschwili im Januar 2004 sein Amt antrat, besetzte er umgehend die einflussreichen Posten mit Vertrauten und Verwandten. Er holte sich junge Akademiker in seine Regierung, die wie er im Ausland studiert hatten. Schwania, der ihn 1995 im Auftrag von Schewardnadse nach Georgien geholt hatte, wurde Ministerpräsident. Mehrere Familienmitglieder lancierte Saakaschwili ebenfalls auf lukrative Posten. Einer seiner Brüder wurde Chefberater für innenpolitische Fragen des Baku-Ceyhan-Pipelineprojekts. Die USA stellten ihm den US-Politikwissenschaftler Daniel Kunin als Berater zur Seite, der vorher im National Democratic Institute tätig war.

Saakaschwili verkündete nach seiner Amtseinführung als Ziel seiner Politik:

a) die schnelle Eingliederung Georgiens in die NATO
b) den Beitritt Georgiens zur Europäischen Union
c) die Integration der abtrünnigen Provinzen

Der erste Schritt in Richtung einer Partnerschaft mit der NATO erfolgte mit tatkräftiger Unterstützung der USA sofort nach seiner Wahl. Georgien wurde mit der NATO durch einen »Individual Partnership Action Plan« verbunden. 2006 trat dann die nächste Stufe – der intensive Dialog – in Kraft. Im April 2008, auf dem NATO-Gipfel in Bukarest, stellten die USA den Antrag, dem Land den Anwärterstatus für die Mitgliedschaft zu verleihen. Der »Membership Action Plan« sollte in Beitrittsverhandlungen münden.

Die Westeuropäer lehnten jedoch ab. Georgien müsse sich erst in eine echte Demokratie verwandeln und dürfe nicht in regionale Konflikte verwickelt sein. Dieses Veto führte bei den USA und einigen osteuropäischen Mitgliedsländern der EU und der NATO zu ernsthaften Verstimmungen. Auf dem Gipfel »wurde geschimpft, geschrieen und höhnisch gelacht«.[18] In Georgien gab es wütende Reaktionen.

Zum Trost flossen Hilfsgelder, vor allem aus Fonds der US-Regierung, ins Land. Den größten Teil steckte Saakaschwili in die Aufrüstung der Streitkräfte. Allein in den ersten vier Jahren seiner Herrschaft flossen 583 Millionen Dollar in die Rüstung, eine Versechsfachung gegenüber dem Zustand davor.[19]

Die georgische Armee wurde auf 33.000 Mann aufgestockt. Zur Schulung und Ausbildung und zum Aufbau moderner Strukturen kamen ausländische Instrukteure und Ausbilder ins Land. Die USA entsandten 160 Militärberater – so die offizielle Zahl. Schätzungen gehen von bis zu 1000 Mann aus, was natürlich von den USA und aus Tiflis vehement bestritten wird.[20] Veteranen aus der israelischen Armee und des Mossad bildeten die Truppen in der Kampftechnik gegen Untergrundkämpfer aus. Das Kabinettsmitglied Temor Jakobaschwili, für Südossetien und Abchasien zuständig, bekannte freimütig: »Die Ausbildung unserer Militäreinheiten durch Israelis macht mich stolz.«[21]

Den Verteidigungsminister David Keseraschwili holte der Präsident aus Israel, der hatte dort beste Beziehungen. Wen wundert es, dass die Israelis der Hauptlieferant der georgischen Armee wurden. Präsident Saakaschwili im Interview: »Außerdem haben wir die meisten unserer modernen Waffen aus Israel bekommen.«[22]

In Senaki, einer alten Garnisonsstadt im mingrelischen West-Georgien, zirka 40 Kilometer von der georgisch-abchasischen Grenze entfernt, wurde ein neuer Militärstandort nach NATO-tauglichen Kriterien errichtet und mit NATO-Mittel ausgerüstet. Die 2006 eingeweihte Basis nahm 4.000 georgische Soldaten auf.

Nato ist übrigens auch ein gängiger weiblicher Vorname in Georgien. Eine alte georgische Oma, die oft fern geschaut hat und wohl nichts mit der Politik am Hut hatte, soll einmal ihren Onkel gefragt haben, wer dieses verdammte Weib Nato sei, woher sie so viele Truppen habe und was sie denn von den Georgiern wolle?

Die Mitgliedschaft in der Europäischen Union war ebenfalls erklärtes Ziel Saakaschwilis. Den Beitritt hatte er für 2008 ins Auge gefasst. Er ließ keinen Zweifel darüber aufkommen, dass er den »Balkon Europas«, wie die Georgier ihr Land gerne nennen, kompromisslos zur Aussichtsplattform nach Westen ausbauen wollte.

Jedoch: »Die Georgier mögen Christen sein, aber sie sind keine Europäer – nicht einmal im weitesten Sinne. Mögen in der Hauptstadt Tiflis noch so viele EU-Flaggen wehen. Ihr Land ist bestenfalls ein kaukasisches Kuba mit Palmen und Straßen voller Schlaglöcher, auf denen man nicht vorankommt«, urteilte der US-Politologe Parag Khanna in seinem 2008 erschienenen Buch »Der Kampf um die zweite Welt«.[23]

Trotzdem stehen die Chancen für Georgien langfristig gar nicht mal so schlecht, da die Notwendigkeit für den Westen, sich die Energievorräte des Kaspischen Meeres zu sichern, Vorrang vor allem anderen hat. Die geographische Lage Georgiens als Bindeglied zwischen Europa und Zentralasien sowie den Nahen und den Mittleren Osten macht die strategische Bedeutung der Region aus und damit das Land zum Objekt der Begierde. Der Westen richtet seine Kaukasusstrategie deshalb grundlegend neu aus und hat beschlossen, den Kaukasus zum »Nahen Ausland« zu machen, statt ihn Russland zu überlassen.[24]

Die neue Grenzregion des Westens im Osten ist also nicht mehr die Küste des Schwarzen Meeres, sondern die Westküste des Kaspischen Meeres.

Allerdings ist es so, dass die Beitrittsländer zur Europäischen Union gewisse Mindeststandards erreichen müssen, und davon ist Georgien noch meilenweit entfernt. In den Jahren nach der »Rosenrevolution« hat sich die Lage kaum verbessert, auch wenn die deutsche Kanzlerin dem georgischen Präsidenten attestierte, dass er das Land zu hohem Wohlstand und Stabilität geführt habe.[25]

Es existieren jedoch kaum funktionierende Unternehmen, es gibt in ganz Georgien keine einzige anständige Straße, die Regierungsarbeit gleicht einem Hauen und Stechen. Präsident Saakaschwili ließ viele unabhängige Zeitungen, Fernsehsender und Nichtregierungsorganisationen, die seiner Politik kritisch gegenüber standen, verbieten. Die Judikative dient den Interessen des Staates, Richter entscheiden in fast allen Fällen in vorauseilendem Gehorsam zugunsten der Regierung. Die Exekutive regiert, ohne sich um das Parlament zu scheren. Wenn eine vom Parlament eingebrachte Gesetzesvorlage dem Entwurf des Präsidenten widerspricht, setzt sich dieser immer durch. Georgien hat keine echten politischen Parteien, nur Interessengruppen.[26]

Die Wahl des Bürgermeisters der Hauptstadt verbot der Präsident und setzte stattdessen einen Vertrauten ein. Gleichzeitig zweigte Saakaschwili den landesweit knappen Strom nach Tiflis ab, um die Hauptstädter ruhig zu stellen.[27] Für sich ließ er einen pompösen Präsidentenpalast am Stadtrand von Tiflis errichten. Erpressung und Korruption sind nach wie vor allgegenwärtig, Boutiquen und Hotels firmieren als legale Tarnorganisationen für Geldwäsche.[28]

Georgien gilt zudem als Drehscheibe des illegalen Handels mit Waffen und waffenfähigem Uran.[29]

Von seinem Ex-Verteidigungsminister Irakli Okruaschwili wurde Präsident Saakaschwili beschuldigt, Morde in Auftrag gegeben zu haben.[30] Das führte u. a. im November 2007 zu gewalttätigen Demonstrationen.

Der Tod seines Kampfgefährten und Premierministers Surate Schwania 2005 blieb unaufgeklärt. Die offizielle Version – Vergiftung durch einen schadhaften Gasofen – war wenig glaubwürdig, zumal sich einen Tag nach dem rätselhaften Tod ein hochrangiger Mitarbeiter seines Stabes erschoss und der Chef von Schwanias Forschungsstab später ebenfalls tot aufgefunden wurde.

Georgien gilt gegenwärtig als »Saakaschwilis autoritäre Scheindemokratie«[31], andere westliche Kreise bezeichnen es beschönigend als »defekte Demokratie«. Die Zustände sind also aus der Perspektive des Westens keinen Deut besser als in Russland, die sie stets kritisieren.

Bei einem Besuch in Israel schwor Präsident Saakaschwili am Grab König Davids theatralisch, er werde

Georgien wieder vereinigen. Niemals jedoch erklärte er, dass das ausschließlich mit friedlichen Mitteln erfolgen werde. Er hielt sich also alle Optionen offen. Gleich nach seinem Machtantritt verschärfte er die Politik gegenüber den abtrünnigen Provinzen, die Grenzkonflikte nahmen zu. Im Mai 2004 wurde an der Grenze zu Südossetien an der transkaukasischen Fernstraße ein mit amerikanischen Geldern finanzierter großer Polizeikontrollpunkt errichtet. Dorthin ließ er Spezialeinheiten des Innenministeriums verlegen, sie sollten das Gebiet isolieren.

In Adscharien widersetzte man sich nach der »Rosenrevolution« dem Drängen Georgiens zur Angliederung, weil man fürchtete, dass die Rechte der Regierung beschnitten werden könnten. Also gründeten Georgier in Adscharien im Januar 2004 die Oppositionspartei »Demokratisches Adscharien«, deren Vorsitzender Surmanidse sinnigerweise gleichzeitig Mitglied in Saakaschwilis Partei »Vereinte Nationale Bewegung« war.

Im März 2004 spitzte sich der Konflikt zu. Die neue georgische Regierung hatte zunächst versprochen, die Interessen der Autonomen Republik zu wahren, doch sie bestand auch darauf, das georgische Recht und die Ansprüche der Zentralregierung zu akzeptieren. Saakaschwili verlangte von Adscharien die unmittelbare Kontrolle über den Hafen von Batumi sowie die Zollbehörden. Gleichzeitig verhängte er eine Teilblockade gegen die Region.

Nach anfänglichem Widerstand stimmte der adscharische Präsident Abachidse am 18. März den Forderungen zu. Der Zentralregierung in Tiflis wurde die Kontrolle über den Hafen, den Zoll, aber auch über die Grenzen sowie die Staatsfinanzen übertragen. Abachidse verpflichtete sich zu Neuwahlen.

Am 4. und 5. Mai begannen jedoch Demonstrationen der Opposition, die gewaltsam aufgelöst wurden, aber nicht verhindert werden konnten. Russlands Präsident Putin erklärte nach Telefonaten mit Saakaschwili, dass Moskau in den Konflikt *nicht* eingreifen werde, worauf Abachidse am 6. Mai seinen Widerstand aufgab und mit seiner Familie nach Moskau ins Exil ging.

In Adscharien wurde eine 20-köpfige Kommission aus Tiflis eingesetzt, die die weiteren Schritte zur Eingliederung organisieren sollte. Am 20. Juni wurde gewählt, Saakaschwilis Partei erhielt 72 Prozent der Stimmen.

Unmittelbar danach leitete man Strafverfolgungsmaßnahmen gegen ehemalige Minister der adscharischen Regierung ein. Am 1. Juli 2004 wurde die Autonomie in dem Gebiet drastisch eingeschränkt: Der adscharische Premierminister wurde nun durch den georgischen Präsidenten ernannt. Dieser darf das Regionalparlament nach eigenem Gutdünken auflösen. Das georgische Parlament kann Beschlüsse des adscharischen Regionalparlaments jederzeit suspendieren.

Diese Interpretation von Autonomie veranlasste die Regierenden in den beiden anderen autonomen Gebieten, in Abchasien und in Südossetien, ihren Widerstand gegen eine Angliederung zu verstärken. Da in diesen Gebieten russische Friedenstruppen zur Überwachung des Waffenstillstandes stationiert waren, schienen gewaltsame Lösungen dort zunächst ausgeschlossen. Aber Pläne konnte man schon schmieden.

Ein erster Entwurf für die Besetzung der abtrünnigen Gebiete wurde 2006 in Tiflis fertiggestellt. Er sah die Eroberung aller wichtigen Stellungen in Südossetien und die Sperrung des strategisch wichtigen Roki-Tunnels binnen 15 Stunden vor. Der Plan schloss also einen Angriff auf die dort stationierten russischen Friedenstruppen nicht aus.

Die hohen Militärausgaben nährten selbst bei Regierungsmitgliedern den Verdacht, dass der Staatschef ausschließlich auf eine militärische Lösung setze.

Die Verschlechterung der Lebensverhältnisse in Georgien führte zu wachsender Unzufriedenheit in der Bevölkerung. Die Versprechen der neuen Regierung wurden nicht eingehalten. Die meisten Menschen lebten nach wie vor in bitterer Armut. Georgien zählte zu den ärmsten Staaten der GUS.

Die Inflationsrate war enorm, es herrschte eine hohe Arbeitslosigkeit. Steuern und Gebühren waren drastisch erhöht worden, die Korruption schien allgegenwärtig, obwohl die Regierung deren Bekämpfung zu einem Schwerpunkt ihrer Arbeit erklärt hatte.

Das autoritäre Regiment des Präsidenten und die Ausschaltung der demokratischen Institutionen führten zu immer mehr Verbitterung. So kam es ab September 2007 zu ersten Demonstrationen in der Hauptstadt. Zehn oppositionelle Interessengruppen schlossen sich zum Bündnis »Vereinter Nationalrat« zusammen und riefen zu weiteren Protesten auf. Ihre Forderungen lauteten Rücktritt von Präsident Saakaschwili, Vorverlegung der Präsidentenwahlen und eine andere Arbeits- und Sozialpolitik. Ab 2. November 2007 begann eine Serie von Protestaktionen in der Hauptstadt Tiflis, die sich steigerten und am 7. November einen Höhepunkt erreichten. Die Polizei versuchte, eine Demonstration von 50.000 Menschen gewaltsam aufzulösen und setzte dabei Wasserwerfer, Tränengas, Gummigeschosse und akustische Waffen ein. 509 Demonstranten wurden verletzt. Die georgische Regierung verhängte den Ausnahmezustand für 15 Tage, der oppositionelle Fernsehsender *Imedi TV* wurde von Polizeitruppen gestürmt und abgeschaltet. Im Kabelfernsehen sperrte man die ausländischen Kanäle, so dass der staatliche Rundfunk die einzige Station blieb, der es erlaubt war, Nachrichten zu senden.

Saakaschwili machte dafür Russland verantwortlich. Er unterstellte, dass Moskau einen Staatsstreich versucht habe. Er nahm ein wenig Druck aus dem Kessel, als er am 8. November erklärte, dass am 5. Januar 2008 vorgezogene Präsidentschaftswahlen stattfinden würden. Um diese Neuwahlen zu ermöglichen, trat Saakaschwili am 25. November zurück.

Bei den Wahlen am 5. Januar 2008 erreichte er 53,47 Prozent der Stimmen, was nach demokratischen Standards zur Ausübung des Amtes legitimierte. Gegenüber seinem Wahlergebnis von 2004 mit über 94 Prozent stellte das einen dramatischen Absturz dar.

Bei den folgenden Parlamentswahlen im Mai 2008 erreichte seine Partei 59,3 Prozent der Stimmen. Die Opposition erhob schwere Manipulationsvorwürfe. Beobachter der OSZE hingegen sprachen nur von geringen Verstößen, was immer das heißt.

Seither boykottiert die Opposition aus Protest das Parlament.

Das Ergebnis der Präsidentenwahl traf den machthungrigen und ehrgeizigen Saakaschwili offenbar stark. Ihm war bewusst, dass er dringend etwas für die Verbesserung seines Ansehens tun musste. Er setzte auf den Nationalismus der Georgier und hoffte, mit der Integration der abtrünnigen Gebiete den Nationalstolz eines großen Teils der Bevölkerung zu heben. Hunderttausende Flüchtlinge aus den beiden Regionen lebten in Georgien, die alle sehnsüchtig auf eine Rückkehr in ihre verlorene Heimat hofften.

In diesem Sinne äußerte sich auch der 2006 von Saakaschwili entlassene Minister für Konfliktregelung. Er gab zu bedenken, dass Saakaschwili sein angeschlagenes Image durch einen »kleinen, siegreichen Krieg« aufmöbeln könnte.

Solche Signale lösten in Moskau Alarm aus.

Und in der Tat: Mit Washington versuchte Saakaschwili über einen Einmarsch in Abchasien zu diskutieren. Dabei stand er unter Zeitdruck. Er befürchtete, nach einer möglichen Anerkennung als NATO-Anwärter unter verschärfte Beobachtung zu geraten, wodurch seine Pläne nicht mehr umsetzbar waren.[32]

Im Armee-Fernsehsender *Sakar T Velo* warb man Rekruten mit einem Hitler-Zitat von 1932: »Nur durch die Kraft der Waffe sind verlorene Territorien wieder zu gewinnen.«[33]

Am 19. März 2008 reiste Saakaschwili als Staatsgast nach Washington.

Im April nahmen Meldungen über zunehmende Spannungen an der georgisch-abchasischen Grenze zu. Am 20. des Monats geht die Meldung um die Welt, eine georgische Drohne sei über abchasischem Gebiet von einem russischen Kampfjet abgeschossen worden.

Die in Abchasien stationierte Kontrollgruppe UNOMIG bestätigte den Abschuss von vier Drohnen der israelischen Firma Elbit-Systems.

Die georgische Regierung erklärte dazu, sie sei durch die Untätigkeit der UNOMIG-Friedenstruppe zu solchen Aufklärungsflügen gezwungen gewesen, um russische Truppenbewegungen im Auge zu behalten. Außerdem handele es sich schließlich um georgisches Territorium, wenn auch zur Zeit nicht unter nationaler Kontrolle.

Am 21. Mai 2008, als das georgische Parlament gewählt wurde, vermeldeten das georgische Staatsfernsehen und *EuroNews*, dass von abchasischen Separatisten zwei Busse mit georgischen Wählern in die Luft gejagt worden seien. Heute weiß man: Es handelte sich um eine Provokation der georgischen Regierung[34], also um eine Lüge.

Saakaschwili zog nach Beobachtungen der internationalen *Crisis Group* 12.000 Soldaten im Militärstützpunkt Senaki, 40 Kilometer von der abchasischen Grenze gelegen, zusammen.[35]

Russland stockte daraufhin seine Friedenstruppe in Abchasien um 500 Mann auf insgesamt 2.500 Soldaten auf, blieb damit aber im vertraglich vereinbarten Rahmen von 3.000 Mann. Daneben gab es einen Reparaturtrupp von 400 Soldaten zur Instandhaltung von Eisenbahnanlagen.

Georgien steuerte erkennbar auf Konfrontationskurs.

Israel, als Hauptwaffenlieferant der Georgier, zog erste Konsequenzen. Um im Fall eines Waffenganges nicht als Lieferant moderner Offensivwaffen ins Fadenkreuz der internationalen Öffentlichkeit zu geraten, lehnte Israel weitere Lieferungen ab. Kurz vor Ausbruch des Konflikts verbreitete Tel Aviv mit Nachdruck, man habe an Georgien seit Monaten keine Offensivwaffen mehr geliefert und sich den georgischen Wünschen zur Lieferung von Panzern und anderen neuen Waffen verweigert.[36]

Ob dieser Rückzieher aus freien Stücken geschah, steht dahin. Tatsache ist, dass Moskau in jener Zeit ankündigte, Russland werde eine weitere Unterstützung Georgiens mit der Lieferung moderner Flugabwehrsysteme an Syrien und den Iran beantworten.[37]

Die angespannte Situation führte dazu, dass sich der deutsche Außenminister Steinmeier im Auftrag der Europäischen Union in die Krisenregion begab, um die Konfliktparteien zu einer friedlichen Lösung zu bewegen. Im Ergebnis seiner Bemühungen wurde ein Drei-Punkte-Plan erarbeitet, der Verhandlungen zu einer längerfristigen Lösung des Konflikts vorsah und dem nach einigem Hin und Her alle drei Konfliktparteien – Russland, Georgien und Abchasien – im Grundsatz zustimmten. Der Plan gilt aber ausdrücklich nur für Abchasien. Damit schien eine militärische Lösung ausgeschlossen. Ein Angriff Georgiens hätte eine Brüskierung Europas bedeutet.

Am 9. Juli 2008 trafen sich in Tiflis die US-Außenministerin Condoleeza Rice und Saakaschwili zu einem privaten Abendessen. Den Inhalt ihrer Gespräche interpretierten beide später recht unterschiedlich. Rice meinte, Saakaschwili ausreichend vor einem militärischen Schlagabtausch mit Russland gewarnt zu haben. Saakaschwili erinnerte sich vor allem an Beteuerungen unverbrüchlicher Solidarität.[38]

Unter dem Strich bleibt festzustellen: Erstens hat demnach ein Plan für einen Einmarsch in Südossetien auf dem Tisch gelegen. Zweitens wussten beide, dass es zu einem Zusammenstoß mit russischen Truppen kommen würde. Und drittens: Mindestens einer der beiden lügt.

Nicht unerwartet wirkte US-Vizepräsident Dick Cheney im Hintergrund an der Geschichte mit. Cheney war ein Machtpolitiker par excellence und galt mit seiner Durchsetzungsfähigkeit im Weißen Haus als der mächtigste Mann der USA. Spötter interpretierten seinen Einfluss mit der Bemerkung, dass Präsident Bush unter ihm allenfalls für Kleinkram zuständig sei. Fürs große Ganze, für die Strategie des 21. Jahrhunderts, sorgte »Dick«, wie ihn die meisten nannten. Ganz oben auf der To-do-Liste: Pipelines, Ölreserven, Militärstützpunkte und Machtausweitung um jeden Preis.

Einer von Cheneys wichtigsten Beratern, Joseph R. Wood, wurde in Tiflis gesehen, kurz bevor die georgische Armee losschlug.[39]

Mit Zeugenaussagen und Geheimdienstinformationen erstellte das Nachrichtenmagazin *Der Spiegel* bereits im August 2008 eine vorläufige Chronologie des Ablaufes.[40, 41, 42]

Demnach begannen am 15. Juni auf beiden Seiten militärische Machtdemonstrationen. Unweit von Tiflis führte die georgische Armee ein Manöver mit dem

Namen »Direkte Antwort 2008« durch. Die Nachrichtenagentur *Reuters* berichtete: »Eintausend US-Soldaten begannen am Dienstag in Georgien vor dem Hintergrund wachsender Spannungen zwischen Georgien und dem benachbarten Russland ein Militärmanöver namens *Immediate Response 2008*. Das zweiwöchige Manöver fand auf der Militärbasis in Vaziani nahe der Hauptstadt Tiflis statt, einer ehemaligen russischen Basis, von der sich die Russen im Rahmen eines europäischen Abrüstungsvertrages zurückgezogen hatten.« Die Akzentuierung ist auffällig. »Hauptzweck dieser Manöver ist es, die Zusammenarbeit und Partnerschaft zwischen den amerikanischen und georgischen Streitkräften zu intensivieren, erklärte Brig. Gen. William B. Garrett, Kommandant der Southern European Task Force der US-Streitkräfte gegenüber Reportern.«[43]

Am 5. Juli wurden die georgischen Streitkräfte in erhöhte Alarmbereitschaft versetzt und die Mobilisierung der Reserve sowie der Nationalgarde angeordnet. Im Norden des Kaukasus, in der Nähe des Roki-Tunnels, begann die russische 58. Armee das Manöver »Kaukasus 2008« mit 8.000 Soldaten.

Die georgische Armee blieb nach Informationen westlicher Geheimdienste auch nach Abschluss des russischen Manövers am 30. Juli in Alarmbereitschaft.

Präsident Saakaschwili schickte nach dem Ende des Manövers große Teile seiner Armee in Richtung Südossetien, was weder den Russen noch den amerikanischen Militärberatern entging. Die Artilleriebrigade aus den Standorten Senaki und Gori, die später von der georgischen Grenze aus die südossetische Hauptstadt

Zschinwali beschießen sollte, wurde in Gori konzentriert.

Am 10. Juli zog Georgien seinen Botschafter aus Moskau ab, nachdem angeblich ein russisches Flugzeug den Luftraum Georgiens verletzt habe.

Seit Anfang August häuften sich beunruhigende Meldungen des russischen Sonderbotschafters in Georgien, Popow, sowie des Oberkommandierenden des russischen Teils der Friedenstruppe in Südossetien über militärische Aktivitäten. Am 3. August warnte das russische Außenministerium vor einem Militärkonflikt, der vielleicht unmittelbar bevorstehe.

Am Morgen des 7. August zogen die Georgier nach Erkenntnissen westlicher Geheimdienste 12.000 Soldaten an der Grenze zu Südossetien zusammen. Bei Gori standen 75 Panzer und gepanzerte Schützenwagen – ein Drittel des Armeebestandes. Ihr Auftrag: binnen 15 Stunden bis zum Roki-Tunnel vordringen, diesen sperren und so den Vormarsch russischer Truppen nach Südossetien verhindern. Der etwa drei Kilometer lange Tunnel stellt die einzige Verbindung zwischen Nord- und Südossetien dar.

Auch Mitarbeiter der OSZE bestätigten, dass georgische Truppen mit Raketenwerfern auf dem Weg nach Südossetien seien. Man sei sich aber nicht klar, ob es sich um eine Demonstration militärischer Stärke oder um die Vorbereitung für einen Angriff handelte.

Die US-Botschaft kabelte nach Washington: Es sei unklar, wie Moskau darauf reagieren würde.

Beide Depeschen, die der OSZE wie der Botschaft, kann man bei Wikileaks nachlesen.

Um die südossetische Hauptstadt Zschinwali standen 500 russische Soldaten der Friedenstruppe und 500 Angehörige der südossetischen Milizen. Am 7. August gegen 21 Uhr informierte Botschafter Popow den stellvertretenden russischen Außenminister Karassin – im Außenministerium zuständig für die Beziehungen zur GUS. Auf seiner Rückfahrt von einem Treffen in Zschinwali nach Tiflis habe er während seiner Fahrt eine beträchtliche Zahl georgischer Panzer, Haubitzen, Raketenwerfern und Soldaten auf dem Weg zur Grenze gesehen.

OSZE-Beobachter bestätigten dies – laut Wikileaks. Sie beobachteten, dass gegen Mittag 30 gelbe Stadtbusse – die üblichen Transportmittel des georgischen Innenministerium – mit uniformierten Insassen nördlich von Tiflis Richtung Grenze unterwegs seien. Die Busse seien von militärischen Fahrzeugen eskortiert worden.

Vizeaußenminister Karassin telefonierte daraufhin mit Präsident Medwedjew, der ihn anwies, sofort Präsident Saakaschwili anzurufen. Der aber war nicht zu sprechen.

Karassin kontaktierte daraufhin seinen amerikanischen Amtskollegen Dan Fried, der zusagte, sich um »die Sache« zu kümmern, aber später ebenfalls nicht mehr zu erreichen war.

Der Angriffsbefehl war am 7. August 2008, vormittags um 11.00 Uhr, also etwa zwölf Stunden vor Operationsbeginn, den georgischen Streitkräften erteilt worden, wie die *ZDF*-Dokumentation »Machtpoker im Kaukasus« am 14. Dezember 2008 belegte.

Alle Experten waren sich weitgehend darin einig, dass dieser Angriffsbefehl den US-Beratern, die im georgischen Verteidigungsministerium und den Stäben der Truppeneinheiten arbeiteten, nicht verborgen geblieben sein konnte. Und da ein solcher Angriff auch die Gefahr einer Konfrontation mit den in Südossetien stationierten russischen Friedenstruppen einschloss, war und ist es kaum vorstellbar, dass die vorgesetzten Dienststellen in Washington davon keine Kenntnis hatten. Die bisher unbeantwortete Frage also lautet: Hat Washington versucht, Saakaschwili zu bremsen, oder nicht?

Und so begann am 7. August, dem Eröffnungstag der Olympischen Spiele, als George Bush, Wladimir Putin und viele andere Staatschefs und hohe Politiker in Peking waren, um 22.30 Uhr der Angriff.

Zunächst richtete sich das Feuer auf einige Dörfer südwestlich der Hauptstadt. Ab 23.35 Uhr wurde die Hauptstadt Zschinwali mit 27 Raketenwerfern und aus schweren Geschützen mit Kalibern bis zu 150 Millimetern aus Stellungen an der Grenze beschossen. Dabei wurde auch international geächtete Streumunition eingesetzt. Übrigens: Am 3. Dezember 2008 ächteten auf Initiative Norwegens 105 Staaten in Oslo diese Waffe. Der Vertrag zum Verbot des Einsatzes von Streubomben wurde von Georgien bis heute nicht unterzeichnet.

Drei georgische Brigaden und Spezialeinheiten, insgesamt 12.000 Mann, marschierten noch in der Nacht in Südossetien ein. Präsident Saakaschwili erklärte um 23.00 Uhr, die Operation der »Wiederherstellung der verfassungsmäßigen Ordnung in Südossetien«.

Um 23.10 Uhr informierte die georgische Seite den Kommandeur der russischen Friedenstruppen darüber, dass Georgien mit militärischen Mitteln »die verfassungsmäßige Ordnung« in der *Region Zschinwali*, so nennen die Georgier Südossetien, wiederherstellen werde.

Das verbreitete der Oberbefehlshaber des in Südossetien stationierten georgischen Teil-Kontingents der internationalen Friedenstruppe, General Kuraschwili, ebenfalls in einer Fernsehsendung kurz vor Mitternacht.

Salven der Raketenwerfer schlugen in der Stadt ein, trafen auch das Gebäude der Friedenstruppe und töteten 20 russische Soldaten.

Kurz vor Mitternacht begann dann der Sturm von drei Brigaden mit Panzern und Infanterie auf Zschinwali. Die russische Friedenstruppe leistete gemeinsam mit den Milizen Widerstand.

Die OSZE zeigte sich von den Ereignissen angeblich völlig überrascht, obwohl sie seit 1992 Beobachter in der Region hatte. Die Missionschefin in Tiflis meldete noch am 7. August, es sei zwar ziemlich gefährlich hier, aber es gebe kein Problem.[44] Die Mission in Zschinwali geriet zwischen die Fronten und wurde von georgischen Raketen getroffen, so dass die Mitarbeiter Schutz in den Kellern suchen mussten.

Um 2.06 Uhr früh liefen Agenturmeldungen, dass russische Truppen durch den Roki-Tunnel in Südossetien einrückten, Schätzungen gingen von 5.000 bis 10.000 Mann aus.

Die mit Hilfe von Satelliten und Funküberwachung gewonnenen Erkenntnisse westlicher Geheimdienste ergaben aber ein anderes Bild, denn an Informationen über die Aktionen der russischen Streitkräfte fehlte es wahrlich nicht. Der Funkverkehr russischer Kampfjets und

Hubschrauber wurde aufgezeichnet, Aufklärungssatelliten sendeten Fotos, die neuen SAR-Lupe-Satelliten der Bundeswehr, noch in Erprobung, lieferten fein aufgelöste Radaraufnahmen.

Demnach war die russische 58. Armee in jener Nacht keineswegs im Gefecht. Erst gegen morgen nahm der Funkverkehr im Äther zu, als die Armee erwachte. Russische Kampfflugzeuge begannen mit Angriffen, die erste SS-21 Kurzstreckenrakete wurde um 7.30 Uhr am 8. August auf die Stadt Borschomi südwestlich von Gori geschossen. Sie sollte Bunker von Armee und Regierung treffen.

Erst gegen 11 Uhr marschierten die russischen Truppen durch den Roki-Tunnel nach Südossetien. »Diese Zeitabfolge gilt inzwischen als Beleg dafür, dass Moskau nicht offensiv gehandelt, sondern nur reagiert hat.«[45]

Inzwischen wurde dieser Sachverhalt auch durch die Untersuchungskommission der EU offiziell bestätigt. »Erzwingung des Friedens« hieß die russische Operation, die sich südlich des Kaukasuskammes entfaltete. Das Ziel: die georgischen Truppen zurückwerfen.

Bei einem Briefing am 8. August in der US-Botschaft habe Saakaschwili vorgetragen, so erfährt man jetzt aus Wikileaks, dass 75 Prozent von Zschinwali sowie elf Dörfer und die meisten Gebiete in Südossetien sich unter georgischer Kontrolle befinde. Die Straße zum Roki-Tunnel sei von georgischen Flugzeugen angegriffen und »verkratert« worden, um den Vormarsch der russischen Truppen zu behindern.

Jedoch: Nachdem die Russen die Georgier über die Grenze nach Georgien zurückgedrängt hatten, marschierten sie aber weiter. Etwa 5.000 Soldaten besetzten die Stadt Gori und Umgebung.

Aus Abchasien kommend, in das inzwischen etwa 7.000 Mann verlegt worden waren, nahmen sie den Militärstützpunkt Senaki. Die Georgier hatten kaum Widerstand geleistet, der Stützpunkt wurde von ihnen kampflos geräumt.

Auch die Hafenstadt Poti, Sitz des Hauptquartiers der georgischen Küstenwache, ebenfalls mit Finanzhilfe der USA aufgerüstet, wurde von den Russen attackiert. Fünf Torpedoboote der Küstenwache wurden versenkt. Die Russen achteten erkennbar darauf, dass sich ihre Angriffe gegen militärisch relevante Ziele richteten, denn sie waren sich der Präsenz westlicher Medienvertreter durchaus bewusst. Bilder westlicher Reporter zeigten später fast ausschließlich zerstörtes militärisches Gerät.

Russische Bombenangriffe auf Tiflis galten nach Angaben von *IsraelNN.com* »einem georgischen Rüstungsbetrieb, in dem israelische Experten Kampfjets für die georgischen Streitkräfte aufrüsten«. Es hieß weiter: »Russische Kampfjets bombardierten Pisten in dem nahe Tiflis gelegenen Betrieb, wo die israelische Sicherheitsfirma Elbit (jene, die auch die Aufklärungsdrohnen über Abchasien hergestellt hatte) an der Aufrüstung georgischer SU-25-Jets arbeitet.«[46]

Angriffe wurden auf eine Radaranlage bei Gori und auf eine Polizeistation in Kareli geflogen.

An den Verkehrswegen richteten die Russen Kontrollpunkte ein.

Nach fünf Tagen erklärte der Präsident Medwedjew die Militäraktion für beendet, die Ziele seien erreicht.

Zu den massiven Protesten der Westmächte über die ungerechtfertigte Besetzung georgischen Territoriums erklärte Moskau: Von den besetzten Städten und Stützpunkten aus sei der Angriff gestartet worden, deshalb sei eine vorübergehende Besetzung notwendig, um weitere Aktionen aus diesen Bereichen zu unterbinden. Dazu diene auch die Kontrolle der Verkehrswege und die Blockade des Hafens von Poti.

Um die Grenzen der abtrünnigen Provinzen müssten außerdem Pufferzonen eingerichtet werden, um sie vor weiteren Angriffen der georgischen Seite zu schützen, denn der Artilleriebeschuss Zschinwalis sei von georgischem Territorium aus erfolgt.

Nach Drohungen der westlichen Seite über mögliche Konsequenzen für die Beziehungen zu Russland stimmte Moskau nach einigem Zögern dem Vorschlag der EU zu, das »georgische Kernland« bis zum 10. Oktober 2008 wieder zu räumen.

Unmittelbar nach dem Abzug nahm eine internationale Kontrollgruppe mit Zustimmung aller Beteiligten ihre Tätigkeit in der Region auf. 300 Mann sollen über die Einhaltung des Waffenstillstandes wachen.

Saakaschwili versuchte nach dem Scheitern seines Angriffs, die Schuld für den bewaffneten Konflikt der russischen Seite zuzuweisen. Auf dem Höhepunkt der Krise war er fast stündlich im US-Fernsehkanal CNN präsent, um seine Sicht der internationalen Öffentlichkeit zu präsentieren. Er konnte sich dabei auf die antirussischen Ressentiments weltweit verlassen.

Bis heute hält er an der bei seinen Fernsehauftritten verbreiteten Lüge vom Angriff auf Georgien fest, obgleich ihn alle Fakten widerlegen. Eine internationale PR-Firma lancierte in westliche Medien ausgewähltes Material. Nach dem Motto »Angriff ist die beste Verteidigung« klagte Tiflis wegen »ethnischer Säuberungen« durch die Russen vor dem Internationalen Gerichtshof in Den Haag.

Die Frage, wer die Schuld an der Eröffnung des Krieges trägt, ist von essentieller Bedeutung für die allgemeine Beurteilung des Konflikts und Saakaschwilis. Sehen wir uns also zunächst seine Darstellung an, die er unmittelbar nach dem Konflikt der internationalen Gemeinschaft zur Kenntnis brachte und die er im Prinzip bis heute vertritt. In einem *Spiegel*-Interview[47] gab er folgendes Statement ab: Halb Südossetien sei immer schon unter georgischer Kontrolle gewesen. Russland gehe es auch gar nicht um Südossetien, Moskau wolle ganz Georgien übernehmen.

Am 7. August habe er erfahren, dass 150 russische Panzer aus Nordossetien über die Grenze nach Südossetien rollten. Sie fuhren auf von uns kontrollierte georgische Dörfer zu. Direkt hinter diesen Orten befand sich die südossetische Hauptstadt Zschinwali. Von dort aus hätten sie in jede beliebige Richtung weiter nach Georgien hineinfahren können, so der Präsident.

Wir wollten die russischen Truppen vor den georgischen Dörfern stoppen. Als unsere Panzer nach Zschinwali einrückten, haben die Russen die Stadt bombardiert. Sie – und nicht wir – haben Zschinwali in Trümmer gelegt. Wir haben nur drei Gebäude im Stadtzentrum zerstört: das Parlament, von wo aus sie geschossen hatten, das Verteidigungsministerium und das Regierungsgebäude der sogenannten Republik Südossetien.

Auf die Frage des *Spiegel*, ob er glaube, dass die Südosseten und Abchasen nach diesem Krieg noch etwas mit Georgien zu tun haben wollten, antwortete er: Es gehe nicht darum, ob sie zu uns zurückko,men, sondern darum, dass wir zu ihnen kommen. Diese Gebiete gehörten alle zu Georgien.

Sodann gab er seiner Überraschung Ausdruck, dass die Russen in so großer Zahl mit Bodentruppen nach Georgien eindrangen.

Die Wahrheit hingegen lautete:

Halb Südossetien befand sich nicht unter georgischer Kontrolle. Zwar wohnten Georgier in den Dörfer um die Hauptstadt Zschinwali, aber 95 Prozent der Bevölkerung (heute etwa 75.000 Einwohner) der Region waren (und sind) Russen, die die russische Staatsbürgerschaft besitzen. 1989 waren es noch 66 Prozent Russen und 29 Prozent Georgier.

An dieser Stelle noch eine Anmerkung zu dem von Georgien und westlichen Vertretern stark betonten Argument, die Russen hätten die Einwohner von Südossetien gezielt mit russischen Pässen versorgt.

Nach dem Zerfall der Sowjetunion und der Unabhängigkeit der einzelnen ehemaligen Sowjetrepubliken wurden die Einwohner praktisch über Nacht zu Staatsbürgern der neuen Staaten, egal, welcher Nationalität sie waren. Von den starken ethnischen Spannungen waren besonders russische Bürger betroffen, die während der Sowjetzeiten in diesen Republiken angesiedelt worden waren. Aus Tadschikistan zum Beispiel flüchteten über 200.000 Menschen nach Russland, fast die gesamte russischsprachige Bevölkerung verließ zwangsweise Georgien. Die russische Regierung versicherte zu Beginn der 90er Jahre, dass alle Bürger russischer Nationalität in den ehemaligen Sowjetrepubliken einen Anspruch auf die russische Staatsbürgerschaft besäßen. Es handelte sich also keineswegs, wie Saakaschwili behauptete, um eine »Sonderregelung« für Südossetien zur Unterstützung der Separatisten. Übrigens waren auch in anderen Staaten solche Regelungen nicht unüblich. So erhielten etwa die Einwohner der ehemaligen Kolonien Frankreichs in Nordafrika ein solches Recht.

Auch der abgeleitete Anspruch auf das Territorium aus der historischen Entwicklung ist durchaus problematisch. Die staatliche Souveränität Georgiens wird heute aus seinem Status als Sowjetrepublik abgeleitet, die 1991 ihre Unabhängigkeit erklärte, und zu der seit 1936 Südossetien gehöre. Georgien hat aber mit seiner Unabhängigkeitserklärung alle Entscheidungen und

Handlungen der früheren Sowjetunion für null und nichtig erklärt, damit logischerweise auch die erfolgte Angliederung Südossetiens an Georgien durch Stalin im Jahre 1936. Ohne sich auf diesen zu berufen, will Tiflis offenkundig diesen Willkürakt jedoch nachträglich sanktionieren.

Und von 1842 bis zum Zerfall des russischen Zarenreiches 1918 war Südossetien eine russische Verwaltungseinheit »Okrug Ossetien« und gehörte eindeutig nicht zu Georgien.

Die Unterstellung Saakaschwilis, Russland sei es nicht um Südossetien, sondern um die Wiederangliederung Georgiens gegangen, wurde anfangs auch von westlichen Politikern und Medien kolportiert. Es wurde durch Wikileaks ein pikanter Dialog zwischen Frankreichs Präsidenten Sarkozy und Ministerpräsident Putin vom 12. August 2008 bekannt.[48] Sarkozy, amtierender EU-Ratspräsident, befürchtete, dass die russischen Truppen Tiflis einnehmen und dort ein Marionettenregime einsetzen würden.

»Das kannst du nicht machen, die Welt wird das nicht hinnehmen«, sagte Sarkozy zu Putin.

»Ich werde Saakaschwili an seinen Eiern aufhängen«, antwortete Putin.

»Ihn aufhängen?« fragte Sarkozy.

»Warum nicht? Die Amerikaner haben Saddam Hussein aufgehängt, oder nicht?«

Darauf Sarkozy: »Ja, aber willst du wie Bush enden?«

»Punkt für dich«, erwiderte Putin.

Es wäre den russischen Truppen ein Leichtes gewesen, bis in die Hauptstadt Tiflis vorzurücken und Saakaschwili zu vertreiben. Denn einen georgischen Widerstand gab es nicht. Die Entmachtung Saakaschwilis unterblieb jedoch. Er wurde weder an seinen Eiern noch überhaupt aufgehängt.

Ein anderes Ziel der Russen sei die Ölpipeline BTC gewesen, behauptete Alexander Lomaja, Chef des nationalen Sicherheitsrates in Tiflis. Die Russen hätten gezielt die Trasse, als Botschaft an den Westen, bombardiert. Belege für diesen Unsinn konnte er nicht liefern – Bomben hinterlassen bekanntlich Schäden oder Krater. Der Betreiber BP erklärte nach dem Ende der Kampfhandlungen, es habe keinerlei Angriffe auf die Pipeline gegeben.

Also auch das eine eindeutige Lüge.

Der von Saakaschwili genannte unmittelbare Anlass für Georgiens Einmarsch in Südossetien, nämlich das angebliche Vorrücken russischer Panzer war ebenso eine Lüge. Der vorliegende Abschlussbericht der EU belegt sie eindeutig. Zum Zeitpunkt des georgischen Angriffs hätten keine russischen Panzer im Land gestanden. Diese rückten nachweislich erst am 8. August als Antwort auf den georgischen Angriff ein.

Die bei WikiLeaks veröffentlichten Meldungen der US-Botschaft in Tiflis erwähnten Kämpfe in zwei südossetischen Dörfern am Abend des 6. August mit zivilen Opfern, wobei nicht klar ist, wer an dieser Auseinandersetzung beteiligt war.

Man wunderte sich vor allem über den Zeitpunkt der Schießerei. Das sei nicht typisch für solche Scharmützel, die begännen üblicherweise am frühen Morgen.

Handelte es sich um eine inszenierte Provokation? Von wem?

Tagliavini stellte in ihrem Untersuchungsbericht fest: »Es gab keinen laufenden militärischen Angriff Russlands *vor* dem Beginn der georgischen Operation.«

Der internationale Militärstab der NATO hatte nach Auswertung der Geheimdienstunterlagen am 8. August 2008 mittags festgestellt, dass es erste russische Angriffe mit Kampfflugzeugen und Kurzstreckenraketen gebe, also nicht mit Moskauer Passivität zu rechnen sei. Aber: »Eines war für die Brüsseler Offiziere bereits klar: Die Georgier hätten angefangen, und zwar weniger aus Notwehr oder als Reaktion auf russische Provokationen, sondern aus eigenem Kalkül. Es sei eine kalkulierte Offensive gegen die südossetischen Stellungen gewesen, um vollendete Tatsachen zu schaffen; die Schusswechsel der vorhergehenden Tage wurden in Brüssel kühl als geringfügige Vorgänge eingestuft.

Noch deutlicher: Im Nachhinein seien sie keineswegs als Begründung für die georgische Kriegsvorbereitung zu werten.«[49]

Saakaschwili stellte übrigens diese Behauptung erstmals vier Tage *nach* Kriegsbeginn auf, als sich seine Niederlage bereits abzeichnete.

Auch der Vertreter Georgiens bei den Vereinten Nationen, Irakli Alasania, erwähnte in der ersten Sondersitzung des UN-Sicherheitsrates am 8. August 2008 keinen russischen Vormarsch nach Südossetien. Vielmehr führte er in der zweiten Sitzung am Nachmittag aus, dass am Morgen des 8. August um 5.30 Uhr – also über sechs Stunden nach Beginn des georgischen Angriffs – erstmals russische Truppen durch den Roki-Tunnel nach Südossetien gefahren seien.

So stand es auch mehrere Tage auf den Internet-Seiten des georgischen Außenministeriums. Erst später wurde diese Darstellung korrigiert. Fortan hieß es auch, General Kuraschwili habe seine Erklärung über die »Wiederherstellung der verfassungsmäßigen Ordnung« in Südossetien ohne jede Absprache mit der Regierung abgegeben.

Der EU-Kommission lag aber ein Einsatzbefehl der georgischen Streitkräfte vom 7. August vor, in dem sich genau diese Formulierung fand. Der Kommission sei von russischer Seite der Text zur Verfügung gestellt worden, Georgien weigere sich, den EU-Untersuchern den Befehl herauszugeben, da es sich um ein Staatsgeheimnis handele.[50] Ein Schelm, der Arges dabei denkt!

Georgiens Angriff in Zschinwali habe sich auf drei Gebäude beschränkt, so eine weitere Lüge Saakaschwilis. Die Russen hätten die Stadt bombardiert und zerstört.

Wie aus Zeugenaussagen und Geheimdienstberichten über den Ablauf der Ereignisse hervorgeht, begann der Angriff der georgischen Armee auf die Hauptstadt um 23.35 Uhr mit Raketenwerfern, Mörsern und Geschützen. Raketenwerfer sind für Angriffe auf Einzelziele völlig ungeeignet. Sie erzielen nur Wirkung auf einer Fläche. Die eingesetzten Werfer vom russischen Typ BM-21 (GRAD) verfügten je nach Ausstattung über 40 oder 50 Werferrohre. Damit konnten binnen 20 Sekunden 40 Raketen abgefeuert werden, jede davon trug einen Gefechtskopf von 20 Kilogramm. Eine Batterie mit sechs Systemen konnte also in zwanzig Sekunden 240 Projektile abfeuern und belegte damit eine Fläche von etwa 500 mal 500 Metern.

Mit den Nachladesystemen konnten die Werfer innerhalb von sieben Minuten neu bestückt werden. Das heißt, dass binnen einer Stunde sieben bis acht Salven abgefeuert worden sein konnten, was pro Werfer 280 bis 320 Geschosse ergibt. Bei 27 eingesetzten Systemen also eine Menge von etwa 8.000 Geschossen pro Stunde. Theoretisch. Denn es ist nicht bezeugt, ob soviel Munition überhaupt mitgeführt worden war.

Hinzu kam das Feuer aus Mörsern und den 150 mm-Haubitzen, die in einigen Kilometern Entfernung auf georgischem Boden standen. Zschinwali liegt nur etwa fünf Kilometer von der Grenze entfernt, lag also im Schussbereich. Die Haubitze, eine Kanone für den indirekten Beschuss über große Entfernungen, taugt ebenfalls nicht für ein Präzisionsbombardement, von dem Saakaschwili und andere sprachen.

Die Stadt wurde zu über 45 Prozent zerstört. Den Angriff auf die genannten Objekte mag es vielleicht gegeben haben – aber erst durch die einrückenden Bodentruppen. Die Schlussfolgerung lautet also: Der Angriff galt nicht ausgewählten strategischen oder militärischen Einzelzielen, sondern der gesamten Stadt.

Was motivierte Saakaschwili, nach dessen Diktion Südossetien ein unveräußerlicher Bestandteil Georgiens ist, dazu, dessen Hauptstadt durch die eigenen Truppen in Schutt und Asche zu legen? Vielleicht gab er die Antwort in seinem Interview. Auf die Frage, ob die Südosseten nach diesem Krieg überhaupt noch etwas mit Georgien zu tun haben wollen, antwortete er mit einer Gegenfrage: »Außerdem ist Zschinwali nach den Kämpfen zerstört. Denken Sie, die Südosseten werden zurückkehren, um dort zu leben?«[51] War also die Zerstörung der Stadt Kalkül, um die Rückkehr der ossetischen Bevölkerung zu verhindern?

Bei einem solchen Flächenbombardement auf eine Stadt musste mit erheblichen Verlusten unter der Zivilbevölkerung gerechnet werden. Bereits vor mehr als 100 Jahren, 1899, wurde im IV. Haager Abkommen, betreffend die Gesetze und Gebräuche des Landkrieges, im Artikel 26 festgelegt, dass zum Schutz der Zivilbevölkerung »der Befehlshaber einer angreifenden Truppe vor der Beschießung [...] alles, was an ihm liegt, tun (muss), um die Behörden zu benachrichtigen«.

Auch diese elementare Regel wurde verletzt.

Der Beginn der Operation kurz vor Mitternacht legt weiter nahe, dass man die Einwohner im Schlaf überraschen wollte.

Nach den vorliegenden Informationen der russischen Behörden hatten die Südosseten mindestens 1.492 Tote zu beklagen, darunter rund 700 Kinder. Von einer öffentlichen Untersuchungskommission wurden 364 Opfer bis Ende September 2008 namentlich identifiziert.[52] Hunderte Verletzte mussten medizinisch behandelt werden, 30.000 Menschen, fast die Hälfte der Bevölkerung, floh in Panik über die Grenze nach Nordossetien.

Die EU-Untersuchungs-Kommission stellte fest, dass der georgische Beschuss von Zschinwali in der Nacht zum 8. August *nicht* gerechtfertigt war.

Für die rechtliche Beurteilung eines solchen Vorganges sind das Genfer Abkommen über den Schutz von Zivilpersonen in Kriegszeiten vom 12. August 1949 sowie zwei Zusatzprotokolle aus dem Jahr 1977 relevant. Besonders das Zusatzprotokoll zum Genfer Abkommen vom 8. Juni 1977 über die »Neubestätigung und Weiterentwicklung des in bewaffneten Konflikten anwendbaren humanen Völkerrechts« ist für die Beurteilung wichtig. Es enthält unter anderem folgende Bestimmungen:

Artikel 51. Schutz der Zivilbevölkerung.

Die Zivilbevölkerung und einzelne Zivilpersonen genießen allgemeinen Schutz vor den von Kriegshandlungen ausgehenden Gefahren. Um diesem Schutz Wirksamkeit zu verleihen, sind neben den sonstigen Regeln des anwendbaren Völkerrechts folgende Vorschriften unter allen Umständen zu beachten.

Weder die Zivilbevölkerung als solche noch einzelne Zivilpersonen dürfen das Ziel von Angriffen sein. Die Anwendung oder Androhung von Gewalt mit dem hauptsächlichen Ziel, Schrecken unter der Zivilbevölkerung zu verbreiten, ist verboten. […]

4. Unterschiedslose Angriffe sind verboten. Unterschiedslose Angriffe sind:

a) Angriffe, die nicht gegen ein bestimmtes militärisches Ziel gerichtet werden.

b) Angriffe, bei denen Kampfmethoden oder -mittel angewendet werden, die nicht gegen ein bestimmtes militärisches Ziel gerichtet werden können.

c) Angriffe, bei denen Kampfmethoden oder -mittel angewendet werden, deren Wirkungen nicht entsprechend den Vorschriften dieses Protokolls begrenzt werden können und die daher in jedem dieser Fälle militärische Ziele und Zivilpersonen oder zivile Objekte unterschiedslos treffen können.

Artikel 52. Allgemeiner Schutz ziviler Objekte.

Zivile Objekte dürfen weder angegriffen noch zum Gegenstand von Repressalien gemacht werden. Zivile Objekte sind alle Objekte, die nicht militärische Ziele im Sinne des Absatzes 2 sind.

Angriffe sind streng auf militärische Ziele zu beschränken. Soweit es sich um Objekte handelt, gelten als militärische Ziele nur solche Objekte, die auf Grund ihrer Beschaffenheit, ihres Standortes, ihrer Zweckbestimmung oder ihrer Verwendung wirksam zu militärischen Handlungen beitragen und deren gänzliche oder teilweise Zerstörung, deren Inbesitznahme oder Neutralisierung unter den in dem betreffenden Zielpunkt gegebenen Umständen einen eindeutigen militärischen Vorteil darstellt.

Beim Anlegen dieser gültigen Rechtsgrundsätze handelt es sich beim Angriff in der Nacht vom 7. auf den 8. August eindeutig um eine Verletzung des Völkerrechts.

Die letzte zitierte Antwort aus dem Interview mit Georgies Präsidenten ist besonders aufschlussreich. Saakaschwili war demnach überrascht von der russischen Reaktion.

Den Glauben, dass die Russen einen Angriff auf ihre Truppen in Südossetien unbeantwortet lassen würden, kann man naiv nennen. Ihn trotzdem gewagt zu haben, muss als extrem riskant gelten. So gesehen trifft die Charakterisierung von Altbundeskanzler Gerhard Schröder, Saakaschwili sei ein Hasardeur, den Nagel auf den Kopf.

Aber selbst wenn er ein Hasardeur ist, dumm war er mit Sicherheit nicht. Es ist deshalb kaum vorstellbar, dass er ohne entsprechende Rückendeckung angegriffen hat. Die US-Außenministerin Condoleeza Rice hat zwar nach eigener Aussage Saakaschwili von einer solchen Operation abgeraten, öffentlich gab sie aber auch andere Signale. Beim Besuch in Tiflis im Juli 2008 versicherte sie Saakaschwili, die USA würden sich für eine NATO-Mitgliedschaft Georgiens einsetzen. Es ist zu vermuten, dass auch von Vizepräsident Cheney positive Botschaften ausgesendet wurden.

In den USA wurde diskutiert, Cheney habe in Georgien gezündelt, um dem republikanischen Kandidaten für das Amt des Präsidenten, McCain, einen Gefallen zu tun. McCains außenpolitischer Berater Randy Scheunemann war bis zum Mai 2008 Lobbyist der georgischen Regierung in Washington. Und: McCain ist mit Saakaschwili eng befreundet.

In der öffentlichen Wahrnehmung des Konfliktes in den USA, durch die Medien diktiert, nahm die Angst vor Russland wieder zu. In der Stunde vermeintlicher Gefahr ruft man insbesonders in den USA nach Erfahrung in der Sicherheits- und Außenpolitik. Die sagte man McCain – im Unterschied zu seinem demokratischen Herausforderer Obama – ausreichend nach.[53]

»Der falsche Glaube, er habe Freunde am Hofe in Washington, habe Saakaschwili zum folgenreichen Angriff auf die südossetische Hauptstadt verleitet«, vermutete auch Robert Hunter, früherer US-Botschafter bei der NATO.[54]

Aber auch die Militärberater der US-Armee in Georgien sandten ermutigende Signale an die Adresse des Hasardeurs Saakaschwili. Zwischen den Amerikanern und den Offizieren der georgischen Armee entwickelte sich eine Atmosphäre trügerischer Siegesgewissheit, gemeinsam seien Georgien und die USA unschlagbar.[55] Es ist dies ein Thema, nach wie vor von dichtem Nebel verhüllt.

In einer Tagung des Verteidigungsausschusses im September 2008 stellte Hillary Clinton, damals noch demokratische Senatorin und in der Opposition, kritische Fragen: Haben die USA Georgien auf irgendeine Weise ermutigt, militärische Gewalt einzusetzen? Hat die Bush-Regierung Moskau und Tiflis ausreichend vor den Konsequenzen eines Krieges gewarnt? Und wie habe es sein können, dass Amerika vom Ausbruch dieser Feindseligkeiten so überrascht worden ist?

Diese Fragen, so forderte Clinton, solle eine nationale Kommission klären und die Fakten feststellen.[56]

Es ist in der Tat kaum zu glauben, dass die 160 (oder mehr) Militärberater der USA von den Vorbereitungen zum Angriff nichts gewusst haben. Truppenbewegungen in Georgien und Südossetien wurden von mehreren Geheimdiensten beobachtet, Satelliten lieferten präzise Bilder vom Boden. Die durchgeführten Manöver stellen sich im Nachhinein als Vorbereitung auf den Ernstfall dar. Es wird interessant sein zu erfahren, welche weiteren Details über diesen Punkt der Geschichte noch ans Tageslicht kommen werden.

Die Annahme, eine solche Provokation würden die Russen unwidersprochen hinnehmen, war eine gravierende Fehleinschätzung. Das Russland von 2008 war nicht mehr das Russland aus der Mitte der 90er Jahre. Der Zusammenbruch der Sowjetunion und des Warschauer Paktes und das Ende des Ost-West-Konfliktes hatten damals zu großen Turbulenzen im gesellschaftlichen, wirtschaftlichen und politischen Leben Russlands geführt, so dass das Land nur noch ein Schatten seiner einstigen Macht und Größe war. Danach waren die USA unangefochten die Nummer 1 in der Welt. Es waren »Zeiten des Triumphalismus, als sich die USA nach dem Ende des Kalten Krieges in der letzten Dekade des vorigen Jahrhunderts als *unverzichtbare Nation*, so die ehemalige Außenministerin Madeleine Albright, selbst feierten«.[57] Einen solchen Zustand wollte die Bush-Regierung mit der *National Security Strategy* von 2002 für alle Zeit zementieren. Mit diesem Anspruch wollte man in den außenpolitischen Krisenzonen Ordnung schaffen, vor allem im ölreichen Nahen Osten. Und das nicht nur mit den klassischen Mitteln der Diplomatie und des ökonomischen Drucks, wie zum Beispiel Sanktionen. Mit dem Ziel, überall kleine Amerikas in anderen Ländern zu installieren, war man bei mangelnder Bereitschaft auch immer schnell mit der Drohung bei der Hand, militärisch einzugreifen. Man zögerte auch nicht, diese Drohung umzusetzen. Diese Grundsätze wurden in der »Bush-Doktrin« selbstbewusst formuliert, die USA forderten für sich und ihre Handlungen ein vorbeugendes militärisches Interventionsrecht – ohne Rücksicht auf Vorschriften von Bündnissen oder internationalen Organisationen.

Das heutige Russland (das gilt übrigens auch für China) ist aber nicht mehr gewillt, eine solche Vormachtstellung hinzunehmen. Russland kontrolliert die größten Vorkommen an natürliche Ressourcen – Erdöl, Erdgas, Kohle und Holz. Es hat von den strategischen Ressourcen mehr als die EU, die USA und China zusammen.

Das gibt die Möglichkeit zu neuem imperialen Denken und Handeln, Russland will erkennbar in die Weltpolitik zurück. Es hat Mitspracherecht bei vielen Konflikten, sei es im Sicherheitsrat der UN, in Iran oder Nordkorea, ob das dem Westen passt oder nicht. Durch die Erschließung neuer Öl- und Erdgaslagerstätten, mit tatkräftiger Unterstützung aus dem Westen, hat sich die wirtschaftliche Situation des Landes erheblich verbessert. Verfügte Russland 1994 über Devisenreserven von vier Milliarden Dollar, waren es 554 Milliarden im Jahr 2008. Damit ist das Land der drittgrößte Dollar-Besitzer weltweit. Der Export, 1994 gerade mal 67 Milliarden Dollar, hatte sich bis auf 355 Milliarden im Jahr 2008 verfünffacht.

Vor diesem Hintergrund und nach einigen Demütigungen durch die USA – die Amerikaner kündigten das Abkommen mit den Russen über die Begrenzung der Zahl von Raketenabwehrsystemen, wollten in Polen und der Tschechischen Republik ein Raketenabwehrsystem aufbauen, Georgien in die NATO führen und haben mit der EU im Februar 2008 den Kosovo als unabhängig anerkannt – war eine harsche Reaktion also zu erwarten. Präsident Bush nannte die Reaktion »unangemessen und nicht akzeptabel«, was übrigens unausgesprochen eine vorherige Aktion der georgischen Seite implementiert, zu der er aber kein einziges Wort verlor.

Die russische Reaktion muss man dennoch kritisch betrachten. Der Bericht der EU-Kommission spricht von zwei Phasen des Konflikts. In der ersten Phase habe es sich um eine Antwort der russischen Truppen auf den Angriff Georgiens gehandelt. Das sei rechtmäßig gewesen.

Aber die nachfolgende Besetzung georgischen Kernlands war unangemessen.

Die Zurückdrängung der georgischen Truppen über die Grenze war sicher notwendig, auch die Zerstörung des militärischen Angriffspotenzials der georgischen Armee akzeptabel, um künftige Angriffe zu erschweren. Da die Georgier ihren Artilleriebeschuss auf die südossetische Hauptstadt aus Stellungen jenseits der Grenze durchführten, war auch die Einnahme dieser Stellungen plausibel. Präsident Medwedjew erklärte am 12. August, nach fünf Tagen, dass Russland seine militärischen Zielstellungen erreicht habe und die Kampfhandlungen einstelle. Ein Teil Georgiens blieb danach durch russische Truppen aber weiter besetzt.

Diese Besetzung georgischen Territoriums war, nachdem die russische Seite nach eigenen Aussagen ihre militärischen Ziele erreicht hatte, militärisch unnötig und politisch ein Fehler. Russland trat damit gegen einen kleinen Staat mit der Arroganz einer Großmacht auf. Wollte die russische Führung den Amerikanern und dem Rest der Welt zeigen, dass man das Heft des Handelns in der Hand hatte? Oder war es der Preis an die Militärs und die Hardliner in der politischen Führung Russlands?

In einer Depesche der US-Botschaft in Moskau vom 26. August 2008 wurde dazu mitgeteilt: »Für andere hat der Krieg bewiesen, dass Medwedjew der Herausforderung an der Führungsspitze nicht gewachsen ist. Russische Kaukasus-Experten sagten dem stellvertretenden Botschafter, dass Russland keine Schwäche gegenüber der Provokation aus Georgien zeigen dürfe … Putin verstand das, Medwedjew nicht.«[58]

Mit dem georgischen Angriff auf Südossetien hat sich die Lage für alle Beteiligten in der Region erst einmal deutlich verändert. Nach dem mit der EU vereinbarten Rückzug Russlands aus der »Kernregion« Georgiens zum 10. Oktober 2008 bleiben 7.600 russische Soldaten in den Provinzen Abchasien und Südossetien zurück – deutlich mehr als die bisher dort stationierten russischen Friedenskräfte. Dieser Schritt wurde begründet mit der Ansage, dass Georgien seinen Anspruch auf die Angliederung der Regionen aufrecht erhalte.

Das trifft zu: Saakaschwili hatte nach seiner Niederlage dies ausdrücklich betont (»Ich werde nicht auf georgische Gebiete verzichten«[59]).

Der verlorene Krieg hat aber die georgische Position deutlich geschwächt. Das Land verfügt weder über das politische noch militärische Potenzial, um die abtrünnigen Gebiete zurückzugewinnen. Inzwischen hat Russland vereinbart, dass russische Truppen die Grenzsicherung Südossetiens und Abchasiens übernehmen, was die Situation weiter verhärtet.

Während ein Referendum über die Unabhängigkeit Südossetiens im November 2006 durch die EU, die OSZE und die USA abgelehnt wurde, »weil es die Spannungen in der Region steigere«, wertete Russland den Akt als freie Willensäußerung, betonte aber, dass es Südossetien auch nach dem Votum nicht anerkennen werde. Allerdings erklärte man gleichzeitig, dass die russische Position diesbezüglich von der Entwicklung der Situation im Kosovo abhängen werde. Falls andere Staaten irgendwann die volle Unabhängigkeit des Kosovo akzeptieren würden, müssten auch die gleichen Maßstäbe für die nach Unabhängigkeit strebenden georgischen Regionen gelten. »Man kann nicht die eine Regel in Bezug auf den Kosovo und eine andere in Bezug auf Abchasien und Südossetien anwenden.«

Beim G-8-Gipfel in Heiligendamm im Sommer 2007 hatte Präsident Putin diese Haltung den anderen Gipfelteilnehmern noch einmal deutlich gemacht. Für Russlands Kaukasuspolitik ist das Beispiel Kosovo entscheidend. Im Februar 2008 wurde Kosovo durch 50 Staaten als unabhängig anerkannt – gegen den Willen Serbiens und den Einspruch Russlands, und damit zum ersten Mal seit der Schlussakte von Helsinki 1975 ein Gebiet eines Staates gegen dessen Willen abgetrennt: Serbien verlor die abtrünnige Provinz Kosovo.

Hatte Russland nun das Recht, quasi im Gegenzug, Abchasien und Südossetien anzuerkennen?

»Die Anerkennung ist eine souveräne Entscheidung Russlands. Ob ein Staat ein anderes Gebilde als Staat anerkennt, ist einzig und allein seine Entscheidung. Und wenn Russland der Auffassung ist, dass Südossetien und Abchasien staatsfähig sind, dann muss Russland das verantworten«, so Prof Luchterhandt von der Universität Hamburg.[60]

Das ist übrigens kein Einzelfall. Nord-Zypern ist ebenfalls nur durch einen Staat, die Türkei, anerkannt.

Völkerrechtler streiten um eine entscheidende Frage: Haben Provinzen wie der Kosovo, Abchasien oder Südossetien den Schutz der UNO-Charta vor gewaltsamer Einmischung und gewaltsamer Rückgliederung in ihre Staaten? Denn notfalls darf jeder Staat seine Menschen mit Gewalt zusammen halten. Aber viele Völkerrechtler sehen das heute deutlich pragmatischer: Wenn die georgische Staatsmacht in Südossetien wie in Abchasien tatsächlich über einen längeren Zeitraum durch einen sezionistischen Machtapparat ersetzt worden ist, wenn der Heimatstaat es zugelassen hat, dass seine abtrünnigen Gebiete de facto Ausland sind, dann muss die Gemeinschaft der freien Völker diesen Akt der Selbstbestimmung respektieren. Dem Heimatstaat sind die Hände gebunden.[61]

Gibt es nun im Völkerrecht das Recht auf Abspaltung?

Prof. Luchterhandt: »Das gibt es unter ganz engen Voraussetzungen. Es besteht dann, wenn es einer Volksgruppe nicht mehr zuzumuten ist, in den Grenzen und unter der Regierung des bisherigen Staates weiter zu leben. Im Falle Abchasiens sehe ich sehr gewichtige Argumente, dass diese Voraussetzungen erfüllt sind, im Falle Südossetiens nicht.«[62]

Eine Auffassung, die in Bezug auf den Kosovo auch von der ehemaligen amerikanischen Außenministerin Albrigth geteilt wurde: Sie sah in den versuchten ethnischen Säuberungen im Kosovo durch den damaligen Präsidenten Milosevic einen wesentlichen Grund für die notwendige Anerkennung des Kosovo.[63]

Aber hat Saakaschwili mit seinem Angriff auf Zschinwali nicht genau die Fakten geschaffen, um diese Argumente auch in Bezug auf Südossetien anzuwenden?

Der Internationale Gerichtshof in Den Haag hat dazu mit seinem Urteil am 22. Juli 2010 bezüglich der Unabhängigkeit des Kosovo inzwischen auch einen neuen Aspekt für andere Regionen gesetzt. Er stellte fest: »Das

Völkerrecht kenne kein Verbot von Unabhängigkeitserklärungen.« Das schafft für den südlichen Kaukasus ebenfalls eine neue Sichtweise.

Auch der Weg Georgiens mit einem Präsidenten Saakaschwili in die NATO dürfte nicht einfacher geworden sein. Klar ist, dass die USA und die EU an diesem Ziel langfristig unverändert festhalten. Nur wenige Wochen vor dem Ende der Amtszeit von George Bush legten die USA einen Plan vor, Georgien (und die Ukraine) im Schnellverfahren in die NATO aufzunehmen. Die US-Außenministerin Condoleezza Rice rief ihren deutschen Amtskollegen Steinmeier an und verlangte kategorisch die Zustimmung Deutschlands zu diesem Vorschlag.

Auch hinter den Kulissen ging die US-Diplomatie rabiat zu Werke. NATO-Botschafter erhielten Anrufe aus Washington, sie sollten gefälligst den Vorschlag akzeptieren.[64]

Wenn es denn nach dem Willen der Bush-Administration und einiger neuer Mitglieder aus Osteuropa gegangen wäre, gehörten beide Länder wohl schon heute der NATO an. Auf eine eingehende Kontrolle politischer und militärischer Reformen hätten sie gern verzichtet wie auch darauf, dass nach den Statuten *alle* NATO-Regierungen einem Beitritt zustimmen müssen.

Die USA und die EU haben teilweise gleiche Interessen. »Aserbaidschan (Baku) ist die neue Grenzregion des Westens, auch wenn das Land kaum westliche Einflüsse zeigt.«[65] Es geht dabei um den Versuch, Russland von seinen Ressourcen und seinem südlichen Einzugsraum zu trennen.[66] In der Sache stimmen Europa und die USA überein. Differenzen gab es in der Frage des

Vorgehens. Die US-Amerikaner bevorzugten die militärische, die Europäer die ökonomische Variante.[67]

Auch Bundeskanzlerin Merkel hatte unmittelbar nach dem Konflikt Präsident Saakaschwili mit auf den Weg gegeben: »Wir sind auf einem klaren Weg in Richtung einer NATO-Mitgliedschaft.«[68]

Am 2. Dezember 2008 fand eine NATO-Tagung zur Festlegung weiterer Schritte für den geplanten NATO-Beitritt Georgiens und der Ukraine statt. Auf der Tagung wurden zwei wesentliche Punkte verabschiedet.

Zum Ersten: Georgien und die Ukraine müssen für den Beitritt zur NATO nun doch das übliche mehrstufige Verfahren durchlaufen. Der Vorschlag der USA und einiger osteuropäischen Staaten, beiden einen Beitritt im Schnelldurchlauf zu ermöglichen, wurde durch die Mehrheit der Außenminister abgelehnt. Vor allem Frankreich und Deutschland vertraten die Auffassung, dass Georgien solange nicht aufgenommen werden solle, bis die aktuellen territorialen Konflikte im Land gelöst seien.

Zusätzlich hatte sich wohl auch bereits die Meinung verfestigt, dass das mit einem Präsidenten Saakaschwili an der Spitze nicht geht. Ein Mitarbeiter der OSZE in Wien: »Saakaschwili hat uns alle zu 100 Prozent belogen, die Europäer und die Amerikaner.«[69] Der Mann sei »aus dem Ruder gelaufe«, er habe »sich verselbständigt, weil er glaubte, unabdingbar geworden zu sein«[70].

Damit kann sich, nüchtern betrachtet, der Beitritt über mehrere Jahre hinziehen. Aber er hat sich nicht erledigt.

Der frühere Botschafter Georgiens bei der UN und jetzige Oppositionspolitiker Irakli Alasania vertritt auch die Meinung, der Prozess zur Eingliederung Georgiens in die

NATO habe sich dadurch deutlich verlangsamt. Eine Auseinandersetzung über die Integration Georgiens sei erst in einer Zeit nach Saakaschwili denkbar.[71]

Zum Zweiten: Das Verhältnis zu Russland soll neu überdacht werden, letztes Zeugnis ist der NATO-Gipfel in Lissabon im November 2010 und das Angebot an Russland, sich an dem geplanten Raketenschirm zu beteiligen. Die Europäer müssen mit dem russischen Nachbarn leben, sie hängen in ihrer Energieversorgung wesentlich von Russland ab (die EU bezieht etwa ein Drittel ihrer Ölimporte und rund 40 Prozent der Gaslieferungen aus Russland). Tatsachen, die wahrscheinlich gewichtiger sind als ein schneller NATO-Beitritt Georgiens und der Ukraine. Aber trotz der wieder erfolgten Annäherung bleiben die Gegensätze in der Beurteilung der Situation im Südkaukasus bestehen. Das zeigte der im Dezember 2010 abgehaltene OSZE-Gipfel deutlich.

Der erste Gipfel der Organisation für Sicherheit und Zusammenarbeit in Europa seit mehr als zehn Jahren ist ohne konkretes Ergebnis zu Ende gegangen. Trotz langer Gespräche in der kasachischen Hauptstadt Astana konnten sich die Regierungschefs der 56 Mitgliedstaaten nicht auf einen gemeinsamen Standpunkt einigen. Zum Abschluss des Treffens gab es nur eine knappe Erklärung, wonach der Streit über die territoriale Integrität Georgiens sowie der Konflikt um die armenische Enklave Berg-Karabach (Armenien und Aserbaidschan streiten seit mehr als 20 Jahren um die Zugehörigkeit) eine Einigung verhindert hätten.

Innenpolitisch steht Saakaschwili nach seinem Abenteuer inzwischen unter beträchtlichem Druck. Die während der Besatzung durch Russland entstandene Einheitsfront in Georgien ist zerbrochen. Bereits Mitte September 2008 forderten die Chefs zweier Parteien Saakaschwilis Rücktritt und den Einsatz einer »weder prorussischen noch proamerikanischen, sondern progeorgischen Regierung«.[72]

Die Neuen Rechten und die Republikaner beschlossen eine Zusammenarbeit, um Georgien »aus der Krise zu bringen«. Die aus Protest nicht im Parlament vertretenen Oppositionsparteien (sie betrachten die Parlamentswahlen vom 21. Mai 2008 als manipuliert, was die OSZE drei Monate nach der Wahl auch bestätigte) fordern geschlossen Neuwahlen.

Auch wichtige Einzelpersönlichkeiten in Georgien meldeten sich verstärkt zu Wort. Der frühere Leiter des georgischen Grenzschutzes, Badri Bidsadse, beschuldigte die Regierung Saakaschwili, sich bewusst für den Krieg mit Südossetien entschieden zu haben. Saakaschwili sei sicher gewesen, den Krieg gewinnen zu können. Und weiter: Es habe kein grünes Licht von anderen Staaten gegeben, eines Tages hätte die georgische Regierung entschieden, dass es passieren solle. Die Entscheidung zum Beginn des Krieges sei von Saakaschwili und seinem inneren Machtkreis getroffen worden. Dieser bestand aus dem Innenminister Wano Merabischwili, Justizminister Surab Adeischwili, dem stellvertretenden Außenminister Giga Bokeria, dem Sekretär des Nationalen Sicherheitsrates Alexandre Lomaja und dem Bürgermeister von Tiflis, Gigi Ugalawa. Saaskaschwili habe nur auf diese Leute gehört, die ihm gesagt hätten, dass er den Krieg gewinnen könne.[73]

Zur Rechtfertigung des Krieges und zur Bestätigung der Argumentation der Regierung vor der internationalen Öffentlichkeit, setzte das von Saakaschwilis Partei dominierte georgische Parlament einen Ausschuss zur Untersuchung des Konfliktes ein, in dem zunächst die Vertreter des Machtapparates befragt wurden, deren Aufgabe natürlich die Bestätigung der Politik des Präsidenten war.

Am 2. Dezember 2008 kam es jedoch zum Eklat. Vor dem Ausschuss sollte Erosi Kizmarischwili, Botschafter Georgiens in Moskau von April bis Juli 2008 (im Juli wurden die diplomatischen Beziehungen von Georgien auf Eis gelegt), Rede und Antwort stehen. Seine Aussagen lauteten im Wesentlichen[74]: Er sei im Februar 2004 als Beauftragter des georgischen Präsidenten nach Moskau gereist, um ein Treffen zwischen dem frisch gewählten Saakaschwili und dem russischen Präsidenten Putin vorzubereiten. Dabei sei das Verhältnis zwischen beiden Seiten gut gewesen, man habe auf der Basis beiderseitigen Vertrauens neue Beziehungen aufbauen wollen. Dazu sei die russische Regierung auch willens gewesen, die Probleme mit Georgien anzupacken und im Dialog zu lösen.

Als kurz danach im April 2004 in Adscharien die Auseinandersetzungen mit dem autokratischen Gouverneur Aslan Abaschidse begannen, habe Russland sich bereit erklärt zu schlichten, sei jedoch von der Regierung Saakaschwili abgewiesen worden.

Am 19. August 2004 habe der damalige Verteidigungsminister Okruaschwili eine Militäraktion in Südossetien durchführen lassen, bei der angeblich acht Kosaken getötet worden seien. Am gleichen Abend habe

Präsident Saakaschwili die Frage gestellt, ob eine militärische Intervention in Südossetien möglich sei. Okruaschwili habe einer Eskalation zugestimmt, aber der damalige Sekretär des Nationalen Sicherheitsrates Merabischwili und auch Premierminister Schwania seien kategorisch dagegen gewesen. Daher habe man, im Gegensatz zum August 2008, vier Jahre zuvor von einem Angriff Abstand genommen.

Selbst bis Anfang 2005 habe weiter die Möglichkeit zu einer friedlichen Lösung des Konflikts mit Südossetien bestanden. Dies hätten ihm Beauftragte des russischen Außenministeriums versichert, als er im Juni 2008 Botschafter in Moskau gewesen sei. Mit dem Tod von Premierminister Schwania, einem Gegner einer bewaffneten Auseinandersetzung, seien die Chancen aber schlechter geworden.

Selbst im Februar 2008, so Kizmarischwili weiter, sei eine Lösung zwischen Putin und Saakaschwili noch möglich gewesen. Russland habe einen Handel um Südossetien angeboten, auf diesen habe sich die Regierung Saakaschwili aber nicht eingelassen. Im April 2008 habe er aus dem inneren Kreis um Saakaschwili gehört, dass es grünes Licht der westlichen Partner Georgiens für eine Militäraktion gegeben habe. Dies habe die georgische Führung nach dem Treffen zwischen Saakaschwili und George Bush gesagt. Um diese Information zu überprüfen, habe er sich mit dem Botschafter der USA in Georgien, John Tefft, getroffen. Dieser habe diese Information aber kategorisch dementiert.

Kizmarischwili führte weiter aus, es seien dann Vorbereitungen für einen Angriff auf Abchasien unternommen worden. Dazu seien auch Militärberater aus Israel nach Georgien gekommen. Die Operation habe im Mai beginnen sollen, auf jeden Fall nach der Schneeschmelze. Im Mai habe man Informationen darüber erhalten, dass Russland eine Militäraktion im Oberen Kodori-Tal plane. Das Kodori-Tal ist ein Flusstal im Nordosten von Abchasien, in dem eine wichtige Handelsstraße über den Kaukasuskamm nach Russland führt. Das hochgelegene Obere Kodorital war nach dem unter UN-Mitwirkung 1994 ausgehandelten Waffenstillstandsabkommen zwischen Georgien und Abchasien als entmilitarisiertes Gebiet unter die Verwaltung von Georgien gestellt worden. Im Juli 2006 schickte Präsident Saakaschwili 250 Bewaffnete in das Tal und gliederte im September 2006 das Gebiet als Ober-Abchasien an Georgien an. Es unterstand damit unmittelbar der georgischen Regierung. Der Ort Tschalta wurde gleichzeitig zum Sitz der Abchasischen Exilregierung erklärt.

Russland protestierte gegen die Verletzung des Waffenstillstandsvertrages, auch der Sicherheitsrat der Vereinten Nationen forderte am 13. Oktober 2006 in der Resolution 1716 Georgien auf, seine militärischen Einheiten aus dem Gebiet abzuziehen, was aber Saakaschwili umgehend mit der Bemerkung ablehnte, es handele sich nicht um militärische sondern um Polizeikräfte auf georgischem Staatsgebiet.

Die Militäraktion Russlands erfolgte aber nicht.

Ein wichtiger Punkt sei dann noch der Besuch des Botschafters Georgiens bei den Vereinten Nationen, Alasania, gewesen. Dieser habe einen Plan zur Lösung des Konflikts ausgearbeitet, der ein Abkommen zum Gewaltverzicht beider Seiten vorgesehen habe. Alasania habe den Respekt beider Seiten gehabt.

Diese Ausführungen führten natürlich zu einigem Tumult in der Ausschusssitzung, zumal die Tagungen im Fernsehen übertragen wurden. Saakaschwili verkündete unmittelbar danach, es sei ein Fehler gewesen, Kizmarischwili zum Botschafter in Moskau zu ernennen.

Und der Ausschussvorsitzende beauftragte unverzüglich den Generalstaatsanwalt, ein Verfahren gegen Kizmarischwili wegen Verleumdung einzuleiten.

Der Botschafter Georgiens bei den Vereinten Nationen, Irakli Alasania, führte in den letzten Jahren Verhandlungen mit der abtrünnigen Provinz Abchasien. Dabei galt er beiden Seiten als vertrauenswürdige Person. Genau in dem Moment, da er Erfolge vorweisen konnte, wurde er von Saakaschwili als Botschafter zu den Vereinten Nationen nach New York geschickt. Inzwischen war er Anfang Dezember 2008 von seinem Posten zurückgetreten. Als Grund nannte er Unzufriedenheit mit der Politik des georgischen Präsidenten. Er arbeitet inzwischen mit Oppositionsparteien in Georgien zusammen. Besonders gefährlich ist er für Saakaschwili, da Alasania auf Grund seines Ansehens als potenzieller Kandidat für das Amt des Präsidenten gehandelt wird.

Auch die nun für einen längeren Zeitraum verschobene Mitgliedschaft in der NATO wird von Politikern in Georgien durchaus positiv gesehen.[75]

Anfang Dezember 2008 erfolgte ein großes Stühlerücken in Tiflis. Die Regierung wurde vier Monate nach dem Krieg auf wichtigen Posten umgebildet. Der Verteidigungsminister David Keraschwili wurde entlassen, manche vermuteten ein Bauernopfer Saakaschwilis für den verlorenen Krieg. Neuer Verteidigungsminister wurde David Sicharulidse, bislang Botschafter in den USA. Auch die Minister für Wirtschaft, Erziehung und Kultur mussten gehen. Die Außenministerin Eka Tkeschelaschwili erfuhr bei ihrer Heimfahrt von der OSZE-Konferenz in Helsinki, dass sie entlassen sei. Neuer Außenminister, der Vierte im Jahr 2008, wurde Grigol Baschadse, ein ehemaliger sowjetischer Karrierediplomat. Dessen erste Amtshandlung am 6. Dezember 2008: Sämtliche Botschafter Georgiens wurden von ihren Aufgaben entbunden, ebenfalls alle stellvertretenden Außenminister.

Auch den Sekretär des Nationalen Sicherheitsrates, Alexandre Lomaja, ein Mitglied des engsten Führungszirkels, erwischte es. Er wurde im diplomatischen Dienst Georgiens weiter beschäftigt. Der erst Ende November 2008 eingesetzte neue Premierminister Mgaloblischwili trat am 30. Januar 2009 aus gesundheitlichen Gründen zurück. Diese bestanden, wie georgische Medien berichteten, darin, dass er nach seinem bereits im Dezember 2008 geplanten Rücktritt eine heftige Auseinandersetzung mit Saakaschwili gehabt hatte und bei dieser Gelegenheit von dessen Leibwächter derart brutal geschlagen worden sein soll, dass er seitdem Probleme mit den Nieren hat.[76]

Es fanden fast täglich Demonstrationen der Opposition gegen den Präsidenten wegen seiner autoritären Politik sowie dem verlorenen Krieg gegen Südossetien statt, die Lage war brisant. Zur Entschärfung entsandte die EU einen Sonderbeauftragten, Peter Semneby, in den südlichen Kaukasus, der ab Mitte April 2009 Einzelgespräche mit den Führern der Opposition absolvierte. Dabei ging es um die Auslotung von Möglichkeiten zu einem Treffen zwischen der Opposition und der Regierung in Georgien.

Kurz vor einem NATO-Manöver Anfang Mai 2009 in Georgien gab es Wirbel um einen angeblichen Putsch. Nach Angaben der georgischen Regierung sei ein Versuch eigener Armeeeinheiten gescheitert, mit Unterstützung Russlands einen bewaffneten Aufstand zu organisieren. 500 Soldaten eines Panzerbataillons hätten gezielt das am 6. Mai beginnende NATO-Manöver stören wollen. Staatschef Saakaschwili war nach bewährter Art sofort wieder mit der Behauptung zur Hand, dass es Russlands Plan gewesen sei, »eine groß angelegte Meuterei in Tiflis anzuzetteln und Schritte gegen die Souveränität Georgiens und die europäische und euro-atlantische Integration der georgischen Regierung zu unternehmen«, wie er im Fernsehen verkündete. Sein Büro musste aber unmittelbar danach zugeben, dass es keinerlei Beweise für eine Verwicklung Russlands gebe.

Die Opposition erklärte die Vorwürfe für absolut absurd und vermutete eher, dass der Putsch mit Plänen der Regierung in Verbindung stehen könnte, Soldaten zur Beendigung von Straßenblockaden der Opposition einzusetzen, was einige Offiziere der Einheit abgelehnt hätten.

Nachdem der Abschlussbericht der EU vorlag, gab es natürlich völlig unterschiedliche Bewertungen durch Opposition und Präsidenten. Führende Oppositionspolitiker wie Irakli Alasania oder die ehemalige Parlamentspräsidentin Burdshanadse sahen einen ernsthaften Schaden für das Ansehen Georgiens. Präsident Saakaschwili hingegen, der dem Bericht zufolge aus dem »gefrorenen Konflikt« einen »heißen Krieg« gemacht hatte und »der in den meisten deutschen Medien mit freundlichen Worten der Lüge bezichtigt wurde«[77], sah den Bericht als einen »diplomatischen Sieg für Georgien«.[78] Das ist bis zu einem gewissen Punkt nachvollziehbar, denn der Bericht kommt zu dem salomonischen Schluss, dass es keine Seite gibt, der die alleinige Verantwortung für den Ausbruch des Krieges zugeschoben werden könne.

Und in seiner altbewährten Manier des Vertuschens, Tricksens und Täuschens erklärt er weiter[79]: Die EU habe eine Kommission eingesetzt, die nicht eine Kommission der EU gewesen sei, sondern eine separate Kommission, die die Gründe für den Krieg aufzeichnen sollte.

Diese Kommission sei auf Grund mehrfachen Verlangens seiner Seite eingesetzt worden (nach allen vorliegenden Informationen war aber der deutsche Außenminister Steinmeier die treibende Kraft bei der Einsetzung der Kommission).

Die Kommission habe berichtet, dass es keine Beweise dafür gebe, dass Georgien russische Friedenstruppen angegriffen habe (der Bericht legt aber dar, dass die georgischen Streitkräfte am späten Abend des 7. August das Feuer auf Zschinwali eröffnet haben, wo russische Friedenstruppen stationiert waren).

Und weiter erklärt es Saakaschwili als Lüge, dass Russland in der abtrünnigen Teilrepublik eigene Staatsbürger gehabt hätte (die Kommission hat jedoch festgestellt, dass es sich zumindest bei den in Zschinwali beschossenen Soldaten um russische Staatsbürger gehandelt habe). Darüber hinaus ist Fakt, dass 95 Prozent der Bevölkerung einen russischen Pass besitzen und demzufolge russische Staatsbürger sind. Selbst wenn man die spätere Ausgabe von russischen Pässen an Bürger in Südossetien als illegal betrachten wollte, bleibt festzustellen, dass 1989, also noch vor den Unabhängigkeitserklärungen, der Anteil von Russen in Georgien 66 Prozent betrug. Es wurden also zweifelsfrei russische Bürger angegriffen.

Für Saakaschwili ergibt sich die Frage, wenn er automatisch alle Bürger Südossetiens als Georgier sieht, wieso er dann am 7. August diese seine Bürger unter Artillerie- und Raketenbeschuss nahm?

Das Fingerhakeln in der Region geht derweil weiter. Saakaschwili, und in diesem Fall mit den Vertretern der Opposition einmal einig, besteht nach wie vor darauf, dass die abtrünnigen Provinzen zu Georgien gehören. Also habe Georgien auch Hoheitsrechte wahrzunehmen. Wenn dies auf den eigentlichen Territorien wegen der anwesenden russischen Truppen nicht möglich ist, so bietet es sich aber vor Abchasien auf dem Meer an.

Georgien hat die Gewässer vor Abchasien kurzerhand zum eigenen Hoheitsgebiet erklärt und droht damit, jegliches Eindringen zu verhindern. Abchasien hatte bisher keine realen Möglichkeiten das zu tun, denn ein paar Schnellschlauchboote mit MG-Aufsatz bilden die gesamte Seestreitmacht. Immer wieder hat die georgische Küstenwache Handelsschiffe, vor allem aus der Türkei, die den Hafen der abchasischen Hauptstadt Suchumi ansteuerten, aufgebracht; so am 16. August 2009 ein Schiff, das Benzin und Diesel geladen hatte. Ein georgisches Gericht verurteilte den türkischen Kapitän daraufhin zu einer Haftstrafe von 24 Jahren. Nach heftigen Protesten der türkischen Regierung wurde die Strafe auf fünf Jahre reduziert und zur Bewährung ausgesetzt.[80] Abchasien und Russland kündigten »Maßnahmen gegen georgische Piraten« an. Zum Schutz hat Russland jetzt eine Fregatte und zehn Schnellboote nach Abchasien entsandt.

Die Frage ist nun: Quo vadis, Georgien?

Anmerkungen

1 *Der Spiegel* Nr 34-38/2008
2 Rob Johnson, Pulverfass am Hindukusch, Stuttgart 2008, S. 18
3 Simon Sebag Montefiore, Stalin, Frankfurt am Main, S. 9-25
4 Rob Johnson, S. 23
5 a. a. O., S. 58
6 a. a. O., S. 59
7 a. a. O., S. 158
8 ebenda
9 *http://www.eurasischesmagazin.de/artikel/?artikel1I0=506*
10 ebenda
11 *http://www.tagesschau.de/ausland/abchasien118html*
12 Rob Johnson, S. 182
13 a. a. O., S. 183
14 a. a. O., S. 200
15 a. a. O., S. 189
16 Tim Weiner, CIA, Frankfurt am Main 2008
17 *http.//info.kopp-verlag.de/news/die-strippenzieher-hinter-georgiens-präsident*
18 *Der Spiegel* Nr. 35/2008
19 *http://www.eurasischesmagazin.de/artikel/?artikel110=506*
20 *http://www.heise.de/tp/r4/artikel/28/28544/1.html*
21 *Der Spiegel* Nr. 35/2008

22 *Der Spiegel* Nr. 34/2008, S. 86
23 Parag Khanna, Der Kampf um die Zweite Welt. Berlin 2008
24 a. a. O., S. 97
24 *Der Spiegel* Nr. 35/2008, S. 26
25 Parag Khanna, S. 99
26 a. a. O., S. 100
27 a. a. O., S. 101
28 ebenda
29 Jürgen Elsässer, in: *Neues Deutschland* vom 9. August 2008
31 Parag Khanna, S. 100
32 *Der Spiegel* Nr. 35/2008, S. 126ff.
33 ebenda
34 *http://www.georgien-nachrichten.de/index.php?rubrik=panorama*
35 *Der Spiegel* Nr. 35/2008, S. 127
36 a. a. O., S. 129
37 *http://info.kopp-verlag.de/news/die-strippenzieher-hinter-georgiens-präsident*
38 *Der Spiegel* Nr. 35/2008, S. 128
39 *Der Spiegel* Nr. 36/2008, S. 23
40 *Der Spiegel* Nr. 34/2008, S. 96-98
41 *Der Spiegel* Nr. 35/2008, S. 22-26 und S. 126-131
42 *Der Spiegel* Nr. 38/2008, S. 128-132
43 *Der Spiegel* Nr. 35/2008, S. 131
44 *Der Spiegel* Nr. 34/2008, S.130
45 *Der Spiegel* Nr. 34/2008, S. 86
46 *Berliner Morgenpost* vom 15. November 2008
47 *Der Spiegel* Nr. 34/2008, S. 86ff.0
48 *Der Spiegel* Nr. 34/2008, S. 86
49 *Der Spiegel* Nr. 38/2008, S. 129
50 *Der Spiegel* Nr. 13/2009, S. 98
51 *Der Spiegel* Nr. 34/2008, S. 86ff
52 *Der Spiegel* Nr. 40/2008, S. 10
53 ebenda
54 *Der Spiegel* Nr. 38/2008, S. 97
55 *Berliner Morgenpost* vom 29. Oktober 2008
56 *Der Spiegel* Nr. 34/2008, S. 86

57 *Der Spiegel* Nr. 48/2010, S. 105
58 a. a. O., S. 99
59 *Der Spiegel* Nr. 34/2008, S. 86
60 *http://www.tagesschau.de/ausland/abchasien118.html*
61 *Der Spiegel* Nr. 34/2008, S. 84
62 *http://www.tagesschau.de/ausland/abchasien118.html*
63 *Der Spiegel* Nr. 36/2008, S. 26
64 *Der Spiegel* Nr. 49/2008, S. 142
65 Parag Khanna, S. 107
66 *http://www.heise.de/tp/r4/artikel/28/28544/1.html*
67 ebenda
68 *Der Spiegel* Nr. 35/2008, S. 23
69 *Der Spiegel* Nr. 36/2008, S. 22
70 *Der Spiegel* Nr. 38/2008, S. 132
71 *Georgien-Nachrichten* vom 2. Oktober 2009
72 Der Spiegel Nr. 38/2008, S. 132
73 *http://www.georgien-nachrichten.de/index.php?rubrik=innenpolitik* am 4. Dezember 2008
74 ebenda am 5. Dezember 2008
75 ebenda
76 ebenda
77 *Georgien-Nachrichten* vom 2. Oktober 2009
78 ebenda
79 ebenda
80 *Der Spiegel* Nr. 40/2009, S. 100